Extra Graphic Material From: www.freepik.com
Thanks to: Alekksall, Starline, Pch.vector, Rawpixel.com, Vectorpocket, Dgim-studio, Upklyak, Macrovector, Stockgiu, Pikisuperstar & Freepik.com Designers

This Book Comes With Free Bonus Puzzles

Available Here:

BestActivityBooks.com/WSBONUS20

5 TIPS TO START!

1) HOW TO SOLVE

The Puzzles are in a Classic Format:

- Words are hidden without breaks (no spaces, dashes, ...)
- Orientation: Forward & Backward, Up & Down or in Diagonal (can be in both directions)
- Words can overlap or cross each other

2) ACTIVE LEARNING

To encourage learning actively, a space is provided next to each word to write down the translation. The **DICTIONARY** allows you to verify and expand your knowledge. You can look up and write down each translation, find the words in the Puzzle then add them to your vocabulary!

3) TAG YOUR WORDS

Have you tried using a tag system? For example, you could mark the words which have been difficult to find with a cross, the ones you loved with a star, new words with a triangle, rare words with a diamond and so on...

4) ORGANIZE YOUR LEARNING

We also offer a convenient **NOTEBOOK** at the end of this edition.
Whether on vacation, travelling or at home, you can easily organize your new knowledge without needing a second notebook!

5) FINISHED?

Go to the bonus section: **MONSTER CHALLENGE** to find a free game offered at the end of this edition!

Want more fun and learning activities? It's **Fast and Simple!**
An entire Game Book Collection just **one click away!**

Find your next challenge at:

BestActivityBooks.com/MyNextWordSearch

Ready, Set... Go!

Did you know there are around 7,000 different languages in the world? Words are precious.

We love languages and have been working hard to make the highest quality books for you. Our ingredients?

A selection of indispensable learning themes, three big slices of fun, then we add a spoonful of difficult words and a pinch of rare ones. We serve them up with care and a maximum of delight so you can solve the best word games and have fun learning!

Your feedback is essential. You can be an active participant in the success of this book by leaving us a review. Tell us what you liked most in this edition!

Here is a short link which will take you to your order page.

BestBooksActivity.com/Review50

Thanks for your help and enjoy the Game!

Linguas Classics Team

1 - Antiques

ଦ	ଗ	ପ	◌୍	ର	◌ା	ମ	◌ା	ଣ	◌ି	କ	ଇ	ଘ	ଷ
ଅ	ଶ	◌୍	ଅ	ସ	◌ା	ମ	◌ା	ନ	◌୍	ୟ	ୱ	ଥ	ଜ
ଚ	ବ	ନ	ୟ	କ	ଳ	◌ା	ଦ	ଚ	ଭ	ଞ	ଦ	◌ୀ	ଚ
ଗ	◌େ	ର	◌୍	◌ା	ଚ	ହ	ଲ	ୱ	ଜ	ଳ	◌ୀ	◌େ	ଶ
ୱ	◌ି	ଧ	ଷ	ଧ	ଲ	ଦ	ଣ	ଇ	ହ	ଞ	ବ	ଭ	ଉ
ଫ	ନ	◌ା	ହ	ଲ	◌ି	◌େ	◌ୀ	ମ	◌ୂ	ଲ	◌୍	ୟ	ତ
ଉ	ର	ଦ	ଗ	ଷ	ହ	ଜ	ର	ଗ	◌ୁ	ଣ	◌ା	ସ	◌୍
ଞ	ଆ	◌୍	◌ୀ	ଞ	ଉ	କ	ଦ	◌ୀ	ଘ	◌ା	ତ	◌ା	ସ
ଷ	ଭ	ର	ଣ	ହ	ଗ	ଚ	ନ	ଡ	ୱ	ର	ଶ	ଜ	◌ା
ଞ	ଡ	◌ୁ	ଡ	◌୍	ଷ	କ	◌୍	ଷ	ଣ	◌ୁ	ହ	ସ	ହ
ହ	ଜ	ନ	ଗ	ଘ	ଣ	ଥ	◌ୁ	ଥ	ଣ	◌ୁ	ଙ	ଜ	◌ୀ
ୱ	ଚ	◌ୁ	ଥ	ଜ	ଆ	◌ି	ସ	ଞ	◌ୀ	ପ	ଥ	◌୍	ଞ
ୱ	ୱ	ପ	ଘ	ୱ	କ	ଚ	ଚ	ଉ	ଜ	ଅ	ଉ	ଜ	ଭ
ବ	◌ି	ଦ	◌୍	ୟ	◌ା	ଳ	ୟ	ର	ଲ	ଦ	ଲ	◌ା	ଳ

କଳା
ପ୍ରାମାଣିକ
ଶତାବ୍ଦୀ
ଦଶନ୍ଧି
ସାଜସଜ୍ଜା
ସୁନ୍ଦର
ଉତ୍ସାହୀ
ଫର୍ଣ୍ଣିଚର
ଗ୍ୟାଲେରୀ
ନିବେଶ
ପୁରୁଣା
ମୂଲ୍ୟ
ଗୁଣ
ପୁନରୁଦ୍ଧାର
ବିଦ୍ୟାଳୟ
ଶୈଳୀ
ଅସାମାନ୍ୟ

2 - Food #1

ଭ	◌ୀ	ହ	ପ	◌ି	ଇ	ଆ	ନ	◌ୁ	ର	ଟ	ଲ	ଙ	ଭ
ଭ	ଜ	ଗ	◌ା	ଜ	ର	କ	ଲ	ଲ	ସ	ଷ	ଜ	ଥ	ଇ
ସ	◌ୁ	ପ	◌ି	ନ	◌ା	ଚ	◌ୁ	ା	◌୍	ସ	ଉ	ଜ	◌ୀ
ଜ	ଲ	ଦ	ଚ	◌ି	ନ	◌ି	◌ି	ଚ	ଣ	ର	◌୍	ଣ	ଦ
ଟ	◌୍	ନ	◌ା	ଚ	ଜ	◌ା	ଆ	କ	ଅ	ଷ	ଷ	ପ	ଟ
ଲ	ଇ	ଘ	ଙ	◌ି	ହ	◌ୀ	ସ	ଚ	ମ	◌ୀ	ଉ	ଷ	◌ୁ
ଡ	◌ୀ	ଣ	ଲ	ଲ	କ	ଙ	ଉ	ପ	ଦ	◌ୁ	ଡ	◌ୁ	କ
ଡ	◌ୁ	ଲ	◌ା	◌ା	ସ	ପ	ଆ	ଣ	◌ା	କ	ଆ	ଟ	5◌
ଝ	ଶ	◌ୀ	ୱ	ଡ	ୱ	◌ି	ଶ	ଘ	ବ	ତ	ଜ	◌ୁ	ର
ଲ	େ◌	ମ	◌ୁ	ବ	◌୍	ଆ	◌ା	ଣ	◌ା	ଉ	◌ି	ର	◌ି
ବ	◌ା	ର	◌ୁ	ଲ	◌ି	ଜ	ଗ	ବ	ନ	ଷ	ଷ	ବ	◌ୁ
ଇ	ଥ	ଅ	ଆ	ଲ	◌୍	ଣ	ଭ	ଷ	◌ା	ଆ	ଡ	େ◌	ପ
ଡ	କ	ଅ	କ	ଚ	ଙ	ଅ	ଚ	ଉ	◌ି	ଣ	ଚ	ର	ଆ
ଙ	ଭ	ଷ	ଶ	ୱ	ଦ	ଚ	ଉ	ଶ	ଚ	ଶ	◌ୀ	◌ୀ	ଙ

ଆପ୍ରିକୋଟ୍
ବାଲି
ବାସିଲ
ଗାଜର
ଡାଲଚିନି
ରସୁଣ
ରସ
ଲେମ୍ବୁ
କ୍ଷୀର
ପିଆଜ
ଚିନାବାଦାମ
ନାସପାତି
ସାଲାଡ୍
ଲୁଣ
ସୁପ୍
ସ୍ପିନାଚ୍ |
ଷ୍ଟ୍ରବେରୀ
ଟିନି
ଟୁନା
ଟର୍ନଆଇପି

3 - Measurements

ଭ	ଅ	ଦ	କ	ଘ	ଅ	ଷ	ଟ	ଲ	ୀ	ଭ	ଲ	ଡ	ଇ
ଗ	ହ	ଚ	େ	ି	ଇ	ଅ	ନ	ଜ	ଓ	ଲ	ି	ି	ଞ
ଞ	ଭ	ଇ	ୀ	ର	ଲ	ସ	୍	ା	ମ	୍	ଟ	ଇ	୍
ଆ	ଓ	ୀ	ଣ	ଭ	୍	ୋ	ଚ	ଞ	ଞ	ୟ	ର	ସ	ଚ
ଅ	ସ	ଝ	ର	ଥ	ଗ	ଘ	ଗ	ଥ	ୀ	ୁ	ଝ	ି	ଲ
ଉ	ା	ୀ	ୀ	ତ	ଲ	ଚ	୍	୍	ଘ	ମ	ଭ	ଆ	ଉ
ଣ	ର	ଲ	ଗ	ଚ	ା	ଥ	ଆ	ୟ	ର	୍	ଙ	ଇ	ଦ
ଝ	ଶ	ଟ	୍	ଇ	ା	ବ	ଅ	ଜ	ଞ	ା	କ	ଏ	ଉ
ମ	ି	ନ	ି	ଟ	୍	ଡ	ଇ	ଲ	ଗ	ଇ	ମ	ମ	ଚ
ଅ	ଉ	ଘ	ଡ	ଦ	ୀ	ଦ	ଞ	ୀ	ଇ	ଆ	ର	ଏ	୍
ସ	େ	ଣ	୍	ଟ	ି	ମ	ି	ଟ	ର	ଉ	ା	ଏ	ଚ
କ	ି	ଲ	ୋ	ମ	େ	ଟ	ର	୍	।	ନ	୍	ଲ	ତ
ଜ	ଣ	ଉ	ଇ	ଙ	ଲ	ଡ	ଙ	ୀ	ଦ	୍	ଗ	ହ	ା
ଦ	ଘ	ଥ	ଙ	ଭ	ଷ	ଅ	ଥ	ଝ	ଅ	ସ	ଅ	ଇ	ଜ

ବାଇଟ୍
ସେଣ୍ଟିମିଟର
ଡିଇସିଆଇଏମଏଏଲ
ଡିଗ୍ରୀ
ଗଭୀରତା
ଗ୍ରାମ
ଉଚ୍ଚତା
ଇଞ୍ଚ
କିଲୋଗ୍ରାମ
କିଲୋମେଟର୍ |
ଦୈର୍ଘ୍ୟ
ଲିଟର
ମାସ୍
ମିନିଟ୍
ଆଉନ୍ସ
ଟନ୍
ଭଲ୍ୟୁମ୍
ଓଜନ
ଓସାର

4 - Farm #2

ପ	ଉ	ଲ	କ	ଗ	ବ	ତ	କ	ଜ	ୱ	ଦ	ପ	ଥ	ଙ
କ	ନ	ଭ	◌ୁ	ଇ	ହ	◌ା	ଇ	◌ି	ବ	ଉ	ଶ	ଚ	ଚ
ଲ	ଷ	◌ି	ଇ	ଜ	ଜ	ଞ	ଇ	ଏ	ଙ	ଶ	◌ୃ	ଜ	ଭ
ଗ	କ	ଅ	ପ	କ	ଉ	ଡ	ୱ	ଜ	ଣ	ଇ	ମ	ଞ	ଶ
ଦ	ଶ	ଅ	ଞ	ର	କ	ଉ	ଡ	◌ି	ଡ	ଷ	◌ା	ଲ	ୱ
କ	◌ୁ	ଷ	◌ୀ	ର	◌ି	ହ	ଭ	ଉ	ଇ	ଷ	ନ	ଦ	◌ି
କ	ଲ	◌ା	ମ	◌ା	ଣ	ବ	ମ	େ◌	ଡ	◌୍	େ◌	ଘ	ଣ
ଜ	ଆ	ଣ	ଚ	ଘ	ଙ	ଢ	◌ା	ଣ	◌ୁ	େ◌	ମ	କ	◌ୁ
ଶ	ଳ	ଅ	ହ	ଞ	ଇ	ଆ	ଘ	ଶ	ଇ	ଚ	ଥ	ଡ	ଡ
ଉ	ଞ	ସ	ଜ	ଞ	ଚ	ଘ	ଡ	ଞ	ଣ	ୱ	◌ୀ	ଡ	ମ
ଗ	ଭ	ୱ	େ◌	କ	ଣ	ଦ	ଥ	ଆ	ଣ	ଦ	◌ୀ	ଉ	◌ି
ଇ	ହ	ଥ	ଶ	ଚ	ଟ	◌ୁ	ର	◌ା	କ	◌ୁ	ଟ	ର	ଲ
ଆ	ହ	ମ	ଶ	ଆ	ନ	ଅ	ବ	ଗ	◌ି	ଚ	◌ା	ଡ	◌ୁ
ବ	◌ା	ର	◌ୁ	ଲ	◌ି	ଭ	ଆ	ଶ	ଲ	ଆ	ଖ	ଳ	◌ା

ପଶୁମାନେ
ବାଲି
ଖଳା
ବିଇହାଇଭ୍
ବତକ
ଜିଏଜି
ଜଳସେଚନ
ଲାମା

ମେଢା
କ୍ଷୀର
ବଗିଚା
ମେଣ୍ଢା
ଟ୍ରାକ୍ଟର
ପନିପରିବା
ଗହମ
ୱିଣ୍ଡମିଲ୍

5 - Books

ଶ	ଡ	ଝ	ଣ	ଶ	ସ	ି	ଇ	ଆ	ି	ପ	ଇ	ହ	ହ
ବ	ହ	ଲ	ଝ	ଶ	ଉ	ା	ଅ	ହ	ଭ	କ	ଜ	କ	୍
୍	ଥ	ଙ	ଗ	ଦ	ୱ	ପ	ହ	ଚ	ଙ	ଭ	ଆ	ବ	ୟ
ଦ	ଘ	ହ	ୱ	ଙ	ୁ	ଆ	ନ	ି	ଗ	ଦ	ଶ	ି	ୁ
ସ	ଂ	ଗ	୍	ର	ହ	ଃ	ଜ	୍	ତ	ଗ	ଦ	ତ	ମ
ଲ	ଡ	ତ	ଶ	ଭ	ଭ	ଦ	ଖ	ଉ	ୟ	୍	ଘ	ା	ର
େ	ଦ	ା	ଅ	ଇ	ଗ	ଗ	ପ	ଦ	ଙ	ା	ୟ	ୱ	୍
ଖ	ହ	ତ	ଲ	ଣ	କ	ଘ	◌	ପ	ଜ	କ	ସ	ଜ	ୱ
କ	ଙ	ୱ	ହ	ଲ	ଇ	ଝ	ଷ	୍	ଜ	ଣ	ହ	କ	ଘ
ଡ	ହ	େ	ଘ	ହ	ଶ	ଶ	୍	ର	କ	ଠ	ା	ପ	ଷ
ଉ	ଦ	୍	ଭ	ା	ବ	ନ	ଠ	ସ	କ	ଶ	ି	ଦ	ଇ
ଡ	ଝ	ଦ	ଚ	ୀ	ହ	ଚ	ା	ଙ	ଦ	ଗ	ତ	ଇ	ଷ
ଲ	ଦ	ଲ	ଲ	ଉ	ଦ	ଥ	ଦ	୍	କ	ଙ	ଇ	କ	ଇ
ଚ	ଥ	ୀ	ଝ	କ	ଶ	ଗ	ଅ	ଗ	ଝ	ହ	ଜ	ଶ	ଷ

ଲେଖକ
ସଂଗ୍ରହ
ପ୍ରସଙ୍ଗ
ଦ୍ୱୈତତା
ଇପିଆଇସି
ଇତିହାସ
ହ୍ୟୁମର୍
ଉଦ୍ଭାବନ
ସାହିତ୍ୟ
ଉପନ୍ୟାସ
ପୃଷ୍ଠା
କବିତା
ପାଠକ
ଦୁଃଖଦ
ଶବ୍ଦ

6 - Days and Months

ମ	ଙ	◌୍	ଗ	ଳ	ବ	◌ା	ର	ହ	ଉ	ଆ	ଜ	ଶ	ର
ବ	େ◌	ଶ	◌ା	ଖ	ଦ	ଦ	ଗ	ଇ	କ	ଶ	◌୍	ଭ	ବ
ସ	େ◌	ପ	◌୍	ଟ	େ◌	ମ	◌୍	ବ	ର	◌୍	ୟ	ଥ	◌ି
ଭ	ଜ	◌ୁ	ଲ	◌ା	ଇ	ସ	ଦ	ଅ	ଇ	ୱ	େ◌	ଶ	ବ
ଆ	କ	ଷ	ଥ	ଶ	ଦ	ଗ	ପ	ଇ	ଅ	◌ି	ଷ	ନ	◌ା
ଷ	◌୍	ର	ବ	ଅ	ଅ	◌ୁ	ନ	◌୍	ଜ	ନ	◌୍	◌ି	ର
ହ	ୟ	ୱ	ୱ	ଙ	ଗ	ର	ଭ	ଞ	ତ	ଭ	ଠ	ବ	◌ୀ
ଫ	◌ା	ବ	ଥ	ୱ	ଷ	◌ୁ	େ◌	◌ୀ	ଶ	◌ା	କ	◌ା	ୟ
େ◌	ଲ	ଚ	◌ୁ	ଥ	◌୍	ବ	ମ	ଙ	◌ୀ	ହ	ହ	ର	◌ା
ବ	େ◌	ଇ	କ	ଧ	ଟ	◌ା	◌୍	◌ୀ	◌ୀ	ଲ	ୱ	ଶ	ନ
◌	ଣ	ଭ	ଣ	ଷ	ବ	ର	ବ	ଗ	ଗ	◌ୀ	ଗ	ଷ	◌ୁ
ଆ	◌୍	ଡ	ୱ	ର	ବ	◌ା	ର	କ	◌୍	◌ୁ	ଶ	ଚ	◌ା
ର	ଡ	ଡ	ଉ	ଉ	ଡ	ଅ	ର	ବ	◌ା	ମ	ୌ◌	ସ	ଜ
◌ୀ	ର	ଣ	ଉ	ଚ	ଞ	ମ	◌ା	ସ	ହ	ଅ	ଗ	ଅ	ଷ

ଅଗଷ୍ଟ
କ୍ୟାଲେଣ୍ଡର
ଫେବୃଆରୀ
ଶୁକ୍ରବାର
ଜାନୁୟାରୀ
ଜୁଲାଇ
ଜ୍ୟେଷ୍ଠ
ବୈଶାଖ
ସୋମବାର
ମାସ
ନଭେମ୍ବର
ଆଶ୍ୱିନ
ଶନିବାର
ସେପ୍ଟେମ୍ବର
ରବିବାର
ଗୁରୁବାର
ମଙ୍ଗଳବାର
ବୁଧବାର
ସପ୍ତାହ
ବର୍ଷ

7 - Energy

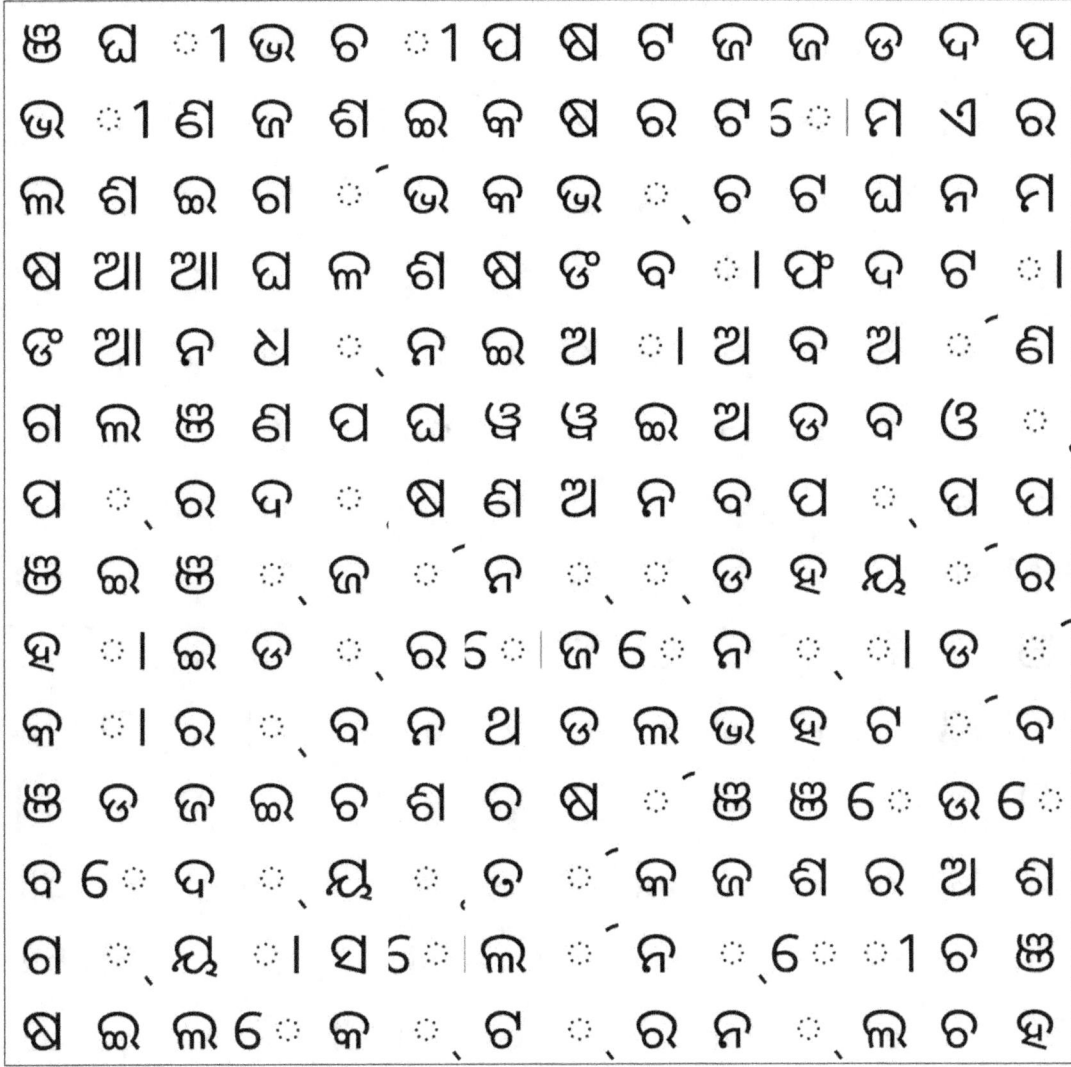

ଞ	ଘ	◌ୀ	ଭ	ଚ	◌ୀ	ପ	ଷ	ଟ	ଜ	ଜ	ଡ	ଦ	ପ
ଭ	◌ୀ	ଣ	ଜ	ଶ	ଇ	କ	ଷ	ର	ଟ	◌ୋ	ମ	ଏ	ର
ଲ	ଶ	ଇ	ଗ	◌ି	ଭ	କ	ଭ	◌୍	ଚ	ଟ	ଘ	ନ	ମ
ଷ	ଆ	ଆ	ଘ	ଲ	ଶ	ଷ	ଙ	ବ	◌ା	ଫ	ଦ	ଟ	◌ା
ଙ	ଆ	ନ	ଧ	◌୍	ନ	ଇ	ଅ	◌ା	ଅ	ବ	ଅ	◌ି	ଣ
ଗ	ଲ	ଞ	ଣ	ପ	ଘ	ୱ	ୱ	ଇ	ଅ	ଡ	ବ	ଓ	◌୍
ପ	◌୍	ର	ଦ	◌ୂ	ଷ	ଣ	ଅ	ନ	ବ	ପ	◌୍	ପ	ପ
ଞ	ଇ	ଞ	◌୍	ଜ	◌ି	ନ	◌୍	◌୍	ଡ	ହ	ୟ	◌ି	ର
ହ	◌ା	ଇ	ଡ	◌୍	ର	◌ୋ	ଜ	◌େ	ନ	◌୍	◌ା	ଡ	◌ି
କ	◌ା	ର	◌୍	ବ	ନ	ଥ	ଡ	ଲ	ଭ	ହ	ଟ	◌ି	ବ
ଞ	ଡ	ଜ	ଇ	ଚ	ଶ	ଚ	ଷ	◌ି	ଞ	ଞ	◌େ	ଡ	◌େ
ବ	◌େ	ଦ	◌୍	ୟ	◌ୁ	ତ	◌ି	କ	ଜ	ଶ	ର	ଅ	ଶ
ଗ	◌୍	ୟ	◌ା	ସ	◌ୋ	ଲ	◌ି	ନ	◌୍	◌େ	◌ୀ	ଚ	ଞ
ଷ	ଇ	ଲ	◌େ	କ	◌୍	ଟ	◌୍	ର	ନ	◌୍	ଲ	ଚ	ହ

ବ୍ୟାଟେରୀ
କାର୍ବନ
ଡିଜେଲ
ବୈଦ୍ୟୁତିକ
ଇଲେକ୍ଟ୍ରନ୍
ଇଞ୍ଜିନ୍
ଏନଟିଓପିଡି
ପରିବେଶ
ଇନ୍ଧନ
ଗ୍ୟାସୋଲିନ୍
ହାଇଡ୍ରୋଜେନ୍
ଶିଳ୍ପ
ମୋଟର
ପରମାଣୁ
ଫଟୋ
ପ୍ରଦୂଷଣ
ବାଷ୍ପ
ଟର୍ବାଇନ୍
ପବନ

8 - Chess

କ	କ	◌ୀ	ଇ	ଷ	ଦ	ଥ	ଜ	ଖ	ଶ	ଆ	ଦ	ପ	ପ
ର	ଣ	◌ୀ	ଡ	ଞ୍ଚ	କ	ଡ	◌ି	ହ	େ◌	ଅ	◌ୀ	ଏ	◌୍
◌୍	ହ	ଅ	ଲ	ଣ	ଲ	ଖ	ଟ	ଙ	ଦ	ଳ	ଉ	ଣ	ର
ଣ	ଘ	ଇ	ଶ	ହ	ଜ	ଅ	େ◌	ଭ	ନ	ଗ	ଅ	◌୍	ତ
◌୍	କ	ଣ	ଉ	ଡ	ଣ	ଷ	ର	ଳ	ଦ	ଜ	ଉ	ଟ	◌ି
ଣ	ଆ	ଜ	ଉ	ୱ	ଞ୍ଚ	ୱ	◌ା	ଆ	◌ା	ଷ	ୟ	ଗ	ଯ
ଙ	ଘ	ଡ	ଥ	ଭ	ହ	ଇ	ଟ	ଡ	◌ି	ଳ	ର	◌ି	◌ୈ
◌ୀ	ଗ	ଗ	ଗ	ଶ	ଗ	ଙ	◌୍	◌ି	ଳ	କ	◌ି	ଡ	ଗ
ଞ୍ଚ	ଆ	ଦ	◌ୀ	ଲ	ଗ	ଞ୍ଚ	◌୍	ଉ	ବ	ଭ	କ	◌ି	◌ି
◌ୀ	ୟ	◌ୀ	ଗ	ଭ	ହ	ଦ	ଷ	କ	ଳ	◌ା	◌୍	କ	ତ
ଚ	◌ା	ମ	◌୍	ପ	◌ି	ଅ	ନ	◌୍	◌ୀ	ଥ	ଷ	କ	◌ା
ଦ	ଙ	ଷ	ସ	ଲ	ଲ	ଜ	ଚ	◌ୀ	ଞ୍ଚ	ଚ	◌୍	ଲ	ଆ
ଟ	◌ୁ	ର	◌୍	ନ	◌ା	ମ	େ◌	ଣ	◌୍	ଟ	◌ି	ଶ	ଲ
ଦ	ଅ	ଜ	ଚ	ଇ	ର	◌ା	ଣ	◌ୀ	ଥ	ଶ	ନ	ଉ	ଜ

କଳା
ଚାମ୍ପିଅନ୍
ପ୍ରତିଯୋଗିତା
କର୍ଣ୍ଣ
ଖେଳ
କଳିଙ୍ଗ
ନିଷ୍କ୍ରିୟ
ଖେଳାଳି
ପଏଣ୍ଟଗୁଡିକ
ରାଣୀ
ବଳିଦାନ
ଷ୍ଟ୍ରାଟେଜି
ସମୟ
ଟୁର୍ନାମେଣ୍ଟ

9 - Archeology

ବ	ଭ	ବ	ଞ	ଡ	ଘ	କ	ଅ	ମ	ଝ	◌ୀ	ଭ	ଡ	ସ
ବ	◌ି	ଣ	◌ଂ	ଜ	ଝ	ଆ	ଜ	◌	ଙ	ଉ	ଦ	ଡ	◌ି
ସ	ଜ	ଶ	ଙ	ଶ	ଦ	ଞ	◌୍	ଳ	ଶ	ଙ	ଅ	ଇ	ଭ
◌୍	ଆ	◌ୀ	◌୍	ଚ	ଧ	ଡ	ଞ	◌୍	ଷ	ଘ	ଭ	ଜ	◌ି
ତ	ଣ	ଅ	ବ	ଳ	ଦ	ର	◌ା	ୟ	◌୍	ସ	ହ	ର	ଳ
◌ୁ	◌୍	ବ	ଞ	◌ା	◌େ	ଣ	ତ	◌ା	ହ	◌ୀ	ଙ	ଆ	◌ା
ଗ	ଟ	ଶ	କ	ଡ	ଶ	ଷ	ଥ	ଙ	ଝ	କ	ଇ	ଚ	ଇ
◌ୁ	◌ି	◌ି	ଣ	ଶ	ଷ	◌୍	ଣ	◌୍	ଇ	ହ	ଦ	ଭ	ଜ
ଡ	କ	ଷ	ଙ	ହ	କ	ଆ	ମ	କ	ଷ	◌େ	ବ	ଗ	◌େ
◌ି	◌୍	◌୍	ଝ	ଉ	ଣ	ଞ	ଉ	ନ	ଥ	ଡ	ଥ	କ	ସ
କ	ଝ	ଟ	ମ	ନ	◌୍	ଦ	◌ି	ର	ଳ	ଳ	ଚ	ଳ	ନ
ଳ	◌ି	◌ା	ବ	◌ି	ଶ	◌େ	ଷ	ଜ	◌୍	ଞ	ଙ	ଆ	◌୍
ଅ	ଟ	◌ଂ	ଙ	କ	କ	ବ	ର	ଝ	ଞ	ଗ	◌ୀ	କ	ଙ
ଳ	◌ି	ଶ	ଘ	ଅ	ଅ	ଙ	ଜ	ଷ	ଆ	ଞ	କ	ଶ	ଥ

ବିଶ୍ଳେଷଣ
ଆଣ୍ଟିକ୍ୱିଟି
ସିଭିଲାଇଜେସନ୍
ବଂଶଧର
ମୂଲ୍ୟାଙ୍କନ
ବିଶେଷଜ୍ଞ
ଜୀବାଶ୍ମ
ରହସ୍ୟ
ବସ୍ତୁଗୁଡିକ
ଅବଶିଷ୍ଟାଂଶ
ଗବେଷକ
ଦଳ
ମନ୍ଦିର
କବର
ଅଜ୍ଞାତ

10 - Food #2

ଙ	ଘ	ହ	ଥ	ୱ	ୱ	ଥ	ଥ	କ	ଚ	ଘ	ଇ	ଲ	ଅ
କ	ଅ	ହ	◌ୀ	ଶ	ଦ	ଅ	ଦ	◌୍	ଶ	ଲ	ଥ	ଡ	ଇ
କ	ଙ	ଅ	ବ	ହ	ଷ	ଚ	ଜ	କ	◌ୀ	ୱ	ଅ	ଇ	ଇ
ହ	◌୍	ଣ	ୟ	◌ା	ଭ	ଭ	ଥ	◌ୋ	ଦ	ଣ	ଚ	ଇ	ଅ
ଡ	ଗ	◌୍	ସ	ଡ	ଇ	ଲ	କ	ଟ	ଡ	ଭ	ଶ	କ	ଡ
ଙ	◌ୁ	ଡ	◌୍	ଚ	ଥ	ଗ	ଅ	◌ି	ଥ	ବ	ଗ	ଉ	ୱ
ଲ	ର	◌ା	◌୍	ଆ	◌େ	ୱ	ଣ	◌୍	ଷ	◌ା	ଗ	ଜ	ଚ
ହ	◌ି	◌ୁ	ତ	ଛ	ୱ	ର	ଙ	ର	◌ି	ନ	ପ	ଚ	ଷ
ଜ	ହ	◌ା	ମ	ଟ	ଥ	ଗ	◌ୀ	ଆ	◌ି	◌ା	ଚ	ଶ	ଦ
କ	ଦ	ଚ	ହ	ମ	ଅ	ଚ	ଜ	ପ	ଚ	ଲ	ଜ	ହ	ୱ
ଷ	ଦ	ୱ	ଗ	◌ା	ଶ	ଞ	ଇ	ଲ	◌ା	ଲ	◌େ	ଥ	ଚ
ଘ	ଗ	◌ି	ଣ	ଟ	ଷ	ଆ	ଷ	◌୍	ଉ	ଙ	ଣ	ସ	ଇ
ଡ	ଲ	◌ି	କ	◌ୋ	ର	◌ୋ	◌୍	ବ	ଳ	ଦ	ଭ	ଜ	ହ
ଚ	◌ି	କ	◌େ	ନ	◌୍	ଚ	କ	◌ୋ	ଲ	◌େ	ଟ	◌୍	ଘ

ଆପଲ୍
ଆର୍ଟିକୋକ୍
ବାନା
ବ୍ରୋକୋଲି
ସେଲରି
ପନିର
ଚେରୀ
ଚିକେନ୍
ଚକୋଲେଟ୍
ଅଣ୍ଡା

ବାଇଗଣ
ମତ୍ସ୍ୟ
ଅଙ୍ଗୁର
ହାମ
କିୱି
ଛତୁ
ଚାଉଳ
ଟମାଟୋ
ଗହମ
ଦହି

11 - Chemistry

ଇ	ଥ	ଙ	ଣ	ନ	◌ୌ	ୟ	ଆ	ଦ	ଞ	ଙ	ଞ	କ	ହ
ଉ	ଲ	ଘ	◌୍ୟ	ଜ	ପ	ଏ	ନ	ଜ	◌ା	ଇ	ମ	◌ା	◌ା
ପ	◌୍	◌େ	ଦ	◌ା	ଡ	ର	ଜ	କ	ଦ	ଲ	କ	ର	ଇ
◌ା	ଟ	କ	କ	ଲ	ଷ	ଞ	ମ	ଗ	ୱ	ଓ	◌୍	◌୍	ଡ
ଦ	◌ା	ର	ବ	◌୍	ଦ	ଅ	ଉ	◌ା	ଭ	ଜ	ଲ	ବ	◌୍
◌ା	◌େ	ର	◌ି	ମ	ଟ	ଲ	◌ୁ	ଣ	ଣ	ନ	◌ୌ	ନ	ର
ନ	ମ	◌େ	◌େ	ଅ	ଞ	◌୍	ଗ	କ	ୱ	◌ୁ	ର	◌୍	◌ୈ
ଗ	ଏ	ପ	ଜ	କ	ଦ	ଭ	ର	ଜ	ଲ	ଣ	◌ି	ର	ଜ
◌ୁ	ସ	◌୍	ୟ	◌ା	◌୍	ଗ	ୱ	ନ	ଡ	ଅ	ନ	ଟ	◌େ
ଡ	◌ି	◌ୁ	ଷ	ଭ	ଆ	ଲ	ଲ	ଉ	◌୍	◌୍ୟ	◌୍	◌୍	ନ
◌ି	ଡ	ନ	କ	ଆ	ଲ	କ	◌ା	ଲ	◌ା	ଇ	ନ	ୟ	◌୍
କ	◌୍	ଅ	ତ	◌ା	ପ	ମ	◌ା	ତ	◌୍	ର	◌ା	◌ୁ	ଡ
ଦ	ହ	ଗ	ଉ	କ	ଷ	ଲ	ଲ	କ	ଆ	ୱ	ୱ	◌୍	ହ
ଆ	ଲ	ଅ	ଞ	ହ	ଞ	ଅ	ଡ	ଥ	ଜ	◌୍ୟ	ଥ	ନ	ଞ

ଏସିଡ୍
ଆଲକାଲାଇନ
କାର୍ବନ
ଅନୁପ୍ରେରକ
କ୍ଲୋରିନ୍
ଇଲେକ୍ଟ୍ରନ୍
ଉପାଦାନଗୁଡିକ
ଏନଜାଇମ
ଗ୍ୟାସ୍
ହାଇଡ୍ରୋଜେନ୍
ଆୟୋନ
ମେଟାଲ୍
ଅଣୁ
ନ୍ୟୁଟ୍ରନ୍
ପରମାଣୁ
ଜୈବିକ
ଅମ୍ଳଜାନ
ଲୁଣ
ତାପମାତ୍ରା
ଓଜନ

12 - Music

ଗ	ଦ	ଉ	ଥ	ଅ	ଞ	ଭ	ଗ	ତ	ା	ଳ	ମ	ଶ	ତ
ୀ	ଉ	ଞ	ଜ	୍	ତ	ଗ	ୀ	ଂ	ସ	ଲ	େ	ା	ା
ତ	ନ	ପ	ଘ	ହ	କ	ଣ	ତ	ଚ	ଚ	ଲ	ଲ	ସ	ଳ
ଆ	୍	ଇ	କ	ଞ	କ	ଷ	ି	ଆ	ଘ	ଲ	ୋ	୍	ବ
ଙ	ଫ	ଘ	ଆ	ର	ଦ	ଜ	କ	ଝ	ଣ	ଙ	ଡ	ତ	ଦ
ଡ	ୋ	ଗ	ଗ	ଣ	ଣ	ଞ	ା	ୟ	ୀ	ଜ	ି	୍	୍
ହ	ର	ମ	ୋ	ନ	ି	।	ର	ଚ	ି	ଲ	ଣ	ର	ଧ
କ	ୋ	୍	ଅ	ଉ	ଗ	ଥ	ଜ	ହ	ୀ	ବ	ଡ	ୀ	ଚ
ଡ	କ	ଆ	କ	ଟ	େ	ମ	୍	ପ	ୋ	ଙ	୍	ୟ	ଅ
ଜ	୍	ର	ା	େ	ପ	ଅ	ଘ	ଜ	ଘ	ଉ	ଲ	ା	ଗ
ଡ	ଇ	ଣ	ଚ	ୀ	ର	ଆ	ଲ	ବ	ମ	୍	ା	ଦ	କ
ହ	ା	ଙ	ଶ	ମ	୍	ୟ	୍	ଜ	ି	କ	ା	ଲ	୍
ୀ	ମ	ଇ	ଲ	େ	କ	୍	ଟ	ି	କ	୍	ବ	ଶ	ୀ
ଞ	ଡ	ଇ	ଭ	ଗ	ା	ୟ	କ	ଲ	ଥ	ଚ	ଜ	ଗ	ଣ

ଆଲବମ୍
ବାଲାଡ୍
ଶାସ୍ତ୍ରୀୟ
ଇଲେକ୍ଟ୍ରିକ୍
ହରମୋନି।
ଉପକରଣ
ଗୀତିକାର
ମେଲୋଡି
ମାଇକ୍ରୋଫୋନ୍
ମ୍ୟୁଜିକାଲ୍
ସଂଗୀତଜ୍ଞ
ଅପେରା
କାବ୍ୟିକ
ରେକର୍ଡ
ତାଳ
ତାଳବଦ୍ଧ
ଗୀତ
ଗାୟକ
ଟେମ୍ପୋ

13 - Family

ଭ	◌ା	ଇ	ଭ	ଦ	ଶ	ପ	ଭ	ନ	ଣ	ଆ	କ	ସ	ପ
ଝ	ଣ	ଦ	ଷ	ଡ	ଜ	◌	ଭ	େ	ଅ	ଜ	ନ	ମ	◌
ଅ	ଙ	◌	କ	ଲ	ୀ	ର	ଭ	ମ	ଘ	ୀ	◌	◌	ତ
।	ନ	◌	ସ	ଡ	ଣ	◌	ର	◌ା	◌	ଗ	ୟ	ପ	◌
ହ	ୀ	ଦ	ଶ	ହ	◌	ବ	ଣ	ଲ	ଅ	ଲ	◌ା	ର	ପ
ଯ	◌ା	ଆ	◌	ଳ	◌ା	ପ	ୀ	◌ା	ଅ	ଆ	ଣ	◌	◌
କ	ୀ	ଥ	ଥ	ଲ	ଭ	◌	ନ	◌	ତ	ପ	ଷ	କ	ର
ପ	କ	ଅ	ଭ	ଡ	ଇ	ର	ଦ	ପ	ଝ	ୀ	ଣ	ୀ	◌
ଜ	◌	ଅ	ହ	ଆ	ଶ	◌	◌	ଶ	ଶ	ଭ	ଗ	ୟ	ଷ
ମ	େ	ତ	ୀ	ଷ	ଶ	ଷ	ଲ	ଲ	ଉ	ଗ	ଦ	ଡ	ଘ
ଗ	◌ା	ଜ	◌	ଷ	ଘ	ଅ	◌ା	କ	ଅ	ୀ	ହ	ଉ	ଘ
ଘ	ଭ	ତ	େ	ର	ଦ	ଡ	◌	◌	ଖ	ଚ	ଗ	ଜ	ଉ
ଜ	ତ	◌	◌ା	ମ	◌ା	ଞ୍ଜ	ପ	ଥ	ହ	ଇ	ଜ	ୀ	ଇ
ଲ	ଣ	ଜ	ଆ	ହ	◌ା	ଦ	ଡ	ଘ	ଜ	ଲ	ଜ	ଣ	ଆ

ପୂର୍ବପୁରୁଷ
ଝିଅ
ଭାଇ
ଶିଶୁ
ପିଲାଦିନ
ପିଲାମାନେ
ସମ୍ପର୍କୀୟ
କନ୍ୟା
ଜେଜେମା

ଗ୍ରାଣ୍ଡସନ୍ ।
ପତି
ମାତୃ
ମାତା
ପୁତୁରା
ଭାଣିଜୀ
ପିତୃପୁରୁଷ
ଯାଆଁଳା
ଅଙ୍କଲ

14 - Farm #1

କ	ଚ	ଆ	ଅ	ଲ	ହ	ଡ	ଜ	ଥ	ଆ	ହ	ଗ	ଅ	ଞ
◌ୁ	ଣ	ଷ	ଅ	ଞ	ଇ	ଗ	ଧ	ଷ	ଞ	ଅ	ଶ	ଷ	ଇ
କ	ଡ	କ	ହ	ଙ	ଉ	ଷ	ଭ	ଗ	ଥ	◌ୀ	ଞ	ୱ	ଅ
◌ୁ	ଘ	◌ୃ	ହ	ଷ	ୱ	ଚ	ଈ	ନ	◌ୃ	କ	େ◌	◌ି	ଚ
ର	◌ୁ	ଷ	ଗ	ଷ	ଡ	◌	◌ା	ବ	ଭ	ଅ	◌	ଶ	ଦ
◌ୀ	ଷ	େ◌	ଙ	ଆ	◌ୀ	ଜ	ଗ	ଉ	ଗ	ଡ	ଆ	ଷ	ଲ
ଛ	◌ୁ	ତ	ହ	ଙ	ବ	ଘ	ୱ	ହ	ଲ	ଦ	କ	ଚ	◌ି
◌ୁ	ର	◌ୃ	◌ୀ	ଆ	◌ି	ଭ	ଚ	ଚ	ଜ	ଷ	କ	ଭ	ନ
◌ା	◌ୀ	ର	ହ	ହ	ଲ	ଘ	ୈ◌ା	ଡ	◌ା	ବ	◌ି	ଇ	ହ
ବ	ହ	ଜ	ଲ	ହ	େ◌	◌ୀ	ଘ	ଶ	◌ୀ	ଚ	ଞ	ଚ	ଛ
ହ	ହ	ଜ	ର	ଜ	ଇ	ଲ	◌ା	ଟି	◌ି	◌ୃ	ର	ଫ	େ◌
ଲ	େ◌	ଉ	ଆ	ଲ	ଘ	ଘ	କ	◌ା	ଉ	ଉ	କ	ଚ	ଲ
ୱ	ଥ	◌ୀ	ଆ	ୱ	ଚ	ଶ	ଆ	ଶ	ଚ	ଆ	ଞ	ଘ	◌ି
ଞ	କ	ଙ	ଚ	କ	ଅ	ଅ	ଶ	ଚ	ଙ	ଷ	◌ୀ	ଡ	ଅ

କୃଷି
ବିଇ
ବାଛୁରୀ
ବିଲେଇ
ଚିକେନ୍
ଗାଈ
କାଉ
କୁକୁର
ଗଧ
ବାଡ଼
ଫର୍ଟିଲାଇଜର
କ୍ଷେତ୍ର
ଛେଳି
ହେ
ହନି
ଘୋଡା
ଘୁଷୁରୀ
ଚାଉଳ
ଜଳ

15 - Camping

ଗ	ଦ	ଲ	ଗ	ଗ	ଲ	ଡ	ଘ	ଉ	ଆ	ଥ	ପ	ମ	ଆ
ଚ	ନ	◌୍	ଦ	◌୍	ର	ଡ	ଜ	ଦ	ଣ	ଲ	◌୍	◌ା	◌ୀ
◌ୀ	ଙ	ଡ	ଉ	କ	◌ୀ	ହ	◌୍	ର	ଦ	ଗ	ର	ନ	ହ
ହ	ଭ	ମ	◌ା	ଉ	ଣ	◌୍	ଟ	◌େ	ନ	◌୍	କ	ଚ	ଙ
ହ	◌୍	ୟ	◌ା	ମ	କ	◌୍	◌ୀ	କ	ଦ	ଦ	◌	◌ି	ଭ
କ	◌୍	ୟ	◌ା	ବ	◌ି	ନ	କ	ଥ	ଜ	◌ୀ	ତ	ତ	ଲ
ଭ	ହ	ଣ	ଚ	ଲ	ଖ	◌ୀ	ହ	ଝ	ଖ	ଙ	◌ି	◌୍	ଆ
◌ି	◌ୀ	ଗ	◌ୀ	◌ୀ	ଲ	ଅ	ଙ	ଝ	ଣ	ପ	◌୍	ର	ଅ
ଡ	ଣ	◌୍	କ	◌ା	ନ	◌ି	◌୍	ଗ	ଅ	ଶ	ଖ	ଗ	କ
ଉ	ଙ	ଘ	ତ	ଆ	ଅ	ଥ	ଉ	ଝ	ଅ	◌ୃ	ଭ	ଚ	ଲ
ଦ	ଉ	◌୍	ଘ	ମ	ଖ	ଆ	ଅ	ଭ	ଅ	ମ	ଣ	ଥ	ଝ
ଙ	ଆ	ଝ	ଗ	ଣ	◌୍	ଷ	ଚ	ହ	ଘ	◌ା	କ	ଉ	ଗ
ଅ	ଡ	ଥ	ହ	◌ୀ	ଦ	ବ	◌ୀ	ଡ	◌ୀ	ନ	ଗ	ଆ	ଣ
ଗ	ଚ	ଡ	ଟ	◌ୋ	ପ	◌ି	◌ୃ	ହ	ଗ	◌େ	ଦ	ଚ	◌ୀ

ପଶୁମାନେ
କ୍ୟାବିନ
ଡଙ୍ଗୀ
ଅଗ୍ନିକାଣ୍ଡ
ଜଙ୍ଗଲ
ହ୍ୟାମକ୍
ଟୋପି
କୀଟ
ହ୍ରଦ
ମାନଚିତ୍ର
ଚନ୍ଦ୍ର
ମାଉଣ୍ଟେନ୍
ପ୍ରକୃତି
ଦଉଡି
ତମ୍ବୁ

16 - Algebra

ଘ	◌ୀ	ଅ	ଉ	ୱ	ଶ	ଅ	ଇ	।	ଥ	ଷ	ହ	ଲ	ଡ
ଡ	କ	ଣ	ଚ	ଙ	ଇ	ଡ	ଗ	ଶ	ର	ଷ	◌ୀ	ଙ	ଡ
ସ	ମ	◌ା	ଧ	◌ା	ନ	ନ	ଗ	ନ	◌ୀ	◌ୋ	ଞ	ଉ	ଜ
ଫ	ଥ	ଅ	ଲ	ଭ	ହ	ଜ	ୟ	◌ା	ଥ	◌୍	◌ି	ମ	ଉ
◌୍	ନ	କ	ର	ପ	ଉ	ଭ	ଇ	◌ଂ	ଲ	ଭ	ଗ	ଜ	ଚ
ୟ	ସ	ଜ	ମ	◌୍	ୟ	◌ା	ଟ	◌୍	ର	◌ି	କ	◌୍	ସ
◌ା	ମ	◌ୀ	ଦ	◌ୀ	ଗ	◌ି	ଡ	ଗ	ସ	ତ	ଦ	ହ	କ
କ	◌ୀ	ୱ	ଡ	ହ	ସ	ବ	◌ୀ	ଭ	ଉ	ଘ	◌୍	ଜ	ଇ
◌୍	କ	କ	ଅ	ଲ	ଉ	ଅ	ଦ	ଷ	ଜ	ଅ	ଉ	◌ି	ୱ
ଟ	ର	ଫ	ର	◌୍	ମ	◌୍	ଲ	◌ା	କ	ଅ	ଘ	ଆ	ଚ
ର	ଣ	ଡ	ଜ	ଘ	ଡ	ଷ	ଶ	ଡ	ଉ	ଘ	ଷ	ଘ	◌ୀ
ପ	ର	◌ି	ବ	ର	◌୍	ତ	◌୍	ତ	ନ	ଶ	◌ୀ	ଲ	ଡ
ଷ	ଶ	ଡ	ଉ	ଭ	ର	◌େ	ଖ	◌ି	କ	ଚ	ଙ	ଉ	◌ୀ
ଏ	କ	◌୍	ସ	ପ	◌ୋ	ନ	◌େ	ଣ	◌୍	ଟ	ଗ	ଆ	ଭ

ଚିତ୍ର
ବିଭାଜନ
ସମୀକରଣ
ଏକ୍ସପୋନେଣ୍ଟ
ଫ୍ୟାକ୍ଟର
ମିଥ୍ୟା
ଫର୍ମୁଲା
ଭଗ୍ନାଂଶ
ଅସୀମ
ରୈଖିକ
ମ୍ୟାଟ୍ରିକ୍ସ
ସରଳ
ସମାଧାନ
ଉପରକନ୍
ପରିବର୍ତ୍ତନଶୀଳ
ଜିରୋ।

17 - Numbers

ଶ	ଦ	ଘ	ଚ	ଥ	ସ	ଅ	ଦ	ଅ	ସ	◌ା	ତ	ଚ	ପ
◌ୀ	◌୍	ଡ	ଲ	ଶ	ପ	ଡ	ଦ	ଦ	◌ୀ	କ	ଆ	ତ	◌ା
ଙ	ଇ	ହ	ଲ	ଅ	◌ୁ	ଷ	ଚ	ଉ	ଲ	ଗ	ଗ	◌୍	ଞ୍ଚ
ତ	ଙ	ଇ	ଏ	ପ୍ତ	ତ	ଉ	କ	ଷ	ଥ	ଇ	ଶ	ର	◌ୁ
◌ି	ଶ	ଦ	ଏ	ଞ୍ଚ	ଦ	ଥ	◌ୀ	ଷ	ଷ	ଅ	ଣ	◌ୁ	ଚ
ନ	ଦ	ହ	ମ	ଲ	ଶ	ଦ	ଛ	ଅ	◌ୋ	ଶ	କ	ଦ	ଘ
◌ି	ଞ୍ଚ	◌ୀ	ଏ	ପ୍ତ	ଦ	ର	ଘ	ଏ	ଜ	ଡ	ଦ	◌ୁ	ଡ
ଚ	ଚ	ଲ	ଇ	ଘ	ଟ	◌ା	◌ି	ଡ	ଆ	ପ	ଶ	ଦ	ଦ
ହ	◌ା	ଗ	ଆ	ଣ	◌ା	ବ	ଲ	◌ି	ଭ	ଞ୍ଚ	ଇ	ଶ	ହ
ହ	ଚ	ର	ସ	ଦ	◌ୁ	ଜ	ଜ	◌ା	ତ	◌ୁ	◌େ	।	ଆ
କ	ଅ	ଞ୍ଚ	◌ି	ହ	ଷ	◌ୀ	ହ	◌େ	ଆ	ଚ	ଣ	ଦ	୦
◌ୀ	ଙ	ଣ	ଇ	ଥ	ଅ	ନ	ଥ	କ	ଶ	ଦ	ଉ	ଉ	ଣ
ପ୍ତ	ଏ	ଟ	◌ି	◌ୋ	ଗ	ହ	ଚ	ଥ	ଙ	ଶ	ଷ	ଶ	ଅ
ଣ	ଙ	ଥ	ଡ	ଜ	ଣ	ଗ	ଞ୍ଚ	ଣ	ଶ	ଇ	ଉ	ଦ	ଉ

ଡିଇସିଆଇଏମଏଏଲ
ଆ୦
ଅଷ୍ଟାଦଶ
ପଞ୍ଚଦଶ
ପାଞ୍ଚ
ଚାରି
ଚତୁର୍ଦ୍ଦଶ ।
ନଅ
ଉଣେଇଶ
ଗୋଟିଏ
ସାତ
ସପ୍ତଦଶ
ଛଅ
ଷୋଡଶ
ଦଶ
ତିରିଶ
ତିନି
ବାର
କୋଡିଏ
ଦୁଇ

18 - Spices

ଜ	ଳ	ତ	ଆ	ଦ	ଣ	ଭ	ତ	ଚ	ଅ	ଉ	ଇ	ଶ	ଚ
ଲ	ଫ	ଲ	◌ି	ଉ	ଭ	ଆ	ର	◌ୁ	◌େ	ଗ	ଲ	ଘ	ସ
ପ	ଇ	ଭ	ନ	କ	ଆ	ଙ	କ	ହ	ଙ	କ	ଲ	ଢ	◌ୈ
ଢ	◌ା	ଣ	ଧ	ଇ	◌ୁ	ଜ	◌ା	ଅ	ଅ	◌ୁ	ହ	ଢ	ନ
ଉ	ଜ	ପ	ସ	ର	ଡ	ତ	ର	ଦ	ଶ	ୟ	ଅ	ଥ	◌େ
ଅ	ଆ	କ	◌ୁ	ଘ	ସ	ଇ	◌ୀ	◌ା	◌ୀ	◌ୁ	ଇ	ହ	ଲ
ସ	◌ି	ଶ	ର	ର	ନ	◌ୁ	ଣ	ଥ	କ	ମ	ଷ	ଇ	◌ୁ
◌ୁ	ପ	ଉ	◌ି	ଶ	◌ି	ଙ	ଣ	◌ୁ	ଲ	◌ି	ଭ	ଷ	ଭ
ଢ	ହ	ଆ	କ	ଥ	ଚ	କ	ଢ	ଭ	ଇ	ନ	ଘ	ଥ	◌ା
◌ା	ଶ	କ	◌ୌ	ଲ	◌ି	ଅ	◌ା	ଦ	ଶ	◌ୁ	ଶ	ଢ	ନ
ଦ	ଚ	ର	◌ି	ମ	ଲ	◌ୌ	ଗ	ଡ	ମ	◌ି	ଠ	◌ା	◌ି
ଝ	◌ୀ	ଗ	ଲ	ଚ	◌ା	ଆ	ନ	◌ି	ସ	◌ୁ	ଙ	◌ୀ	ଲ
ଅ	ଳ	◌େ	ଇ	ଚ	ଡ	ଶ	ଣ	ଝ	ଣ	ଷ	ଇ	ଉ	◌ା
ଥ	◌ୀ	ଗ	ଦ	ଡ	ଗ	ଙ	ଉ	ଣ	ଷ	ଆ	ଘ	ଙ	ଚ

ଆନିସ୍
ଡିକ୍ତ
ଅଲେଇଚ
ଡାଲଚିନି
ଧନିଆ
କ୍ୟୁମିନ୍
ତରକାରୀ
ସୋନେଲ୍
ସ୍ୱାଦ
ରସୁଣ
ଅଦା
ଲିକୋରିସ୍
ଜାଇଫଳ
ପିଆଜ
ପାପ୍ରିକା
ଗୋଲମରିଚ
ଗେରୁଆ
ଲୁଣ
ମିଠା
ଭାନିଲା

19 - Universe

ଅ	ଣ	କ	ଶ	ମ	ଚ	ା	ଷ	ଗ	ଣ	କ	ଣ	ବ	ଲ
ଚ	ଭ	ଣ	ଣ	ହ	ନ	ଷ	ଘ	େ	କ	୍	ଟ	ା	ଦ
ଞ	ଅ	ଷ	ଶ	ା	୍	ଥ	ଚ	ଲ	ଇ	ଷ	େ	ୟ	ଶ
ଙ	ଘ	ଙ	ଷ	ଜ	ଦ	ଆ	ଉ	ା	ଇ	୍	ଲ	୍	ଆ
ା	।	ୟ	ଶ	ା	୍	କ	କ	ର	ଲ	ଦ	୍	ମ	ଗ
ଦ	ନ	ଗ	ଖ	ଗ	ର	ା	କ	୍	ଙ	୍	ସ	ଣ	ା
ସ	୍	ା	ଶ	ତ	ଦ	ଶ	୍	ଦ	ଘ	ର	୍	୍	ଲ
ମ	ଜ	ର	ଉ	୍	ଷ	୍	ଷ	୍	ଦ	ଗ	କ	ଡ	ା
ା	ର	୍	ା	କ	ହ	ା	ପ	ଧ	ା	୍	େ	ଲ	କ
ଧ	୍	ବ	ଘ	ଘ	ଇ	ର	ଥ	ଶ	ଜ	ର	ପ	ଦ	୍
ା	େ	୍	ଥ	ଞ	୍	ଗ	ଶ	ଲ	ଦ	ହ	୍	ଇ	ସ
ନ	ହ	ସ	ା	ଙ	ନ	ମ	ା	ୟ	ଶ	୍	୍	ଦ	୍
ଅ	ନ	୍	ଧ	କ	ା	ର	ା	ଞ	ଉ	ଅ	ା	ଘ	ଥ
ଅ	କ	୍	ଷ	ା	ଂ	ଶ	ଆ	ଲ	ଡ	କ	ଡ	ଗ	ଚ

କ୍ଷୁଦ୍ରଗ୍ରହ
ବାୟୁମଣ୍ଡଳ
ସ୍ୱର୍ଗୀୟ
ମହାଜାଗତିକ
ଅନ୍ଧକାର
ଗାଲାକ୍ସି
ଗୋଲାର୍ଦ୍ଧ
ହୋରିଜନ୍ ।
ଅକ୍ଷାଂଶ
ଦ୍ରାଘିମା
ଚନ୍ଦ୍ର
କକ୍ଷପଥ
ଆକାଶ
ସମାଧାନ
ଟେଲିସ୍କୋପ୍
ଦୃଶ୍ୟମାନ
ରାଶି

20 - Mammals

ଲ	ଲ	ଗ	ଡ	ଘ	ୋ	ଡ	ା	ଦ	ହ	ହ	କ	ଚ	ଡ
ଣ	ଥ	ଗ	ଲ	ଗ	ଝ	ଇ	ଦ	ଲ	ଝ	ଜ	ୀ	ଲ	ହ
ଉ	ଙ	ଷ	ଫ	ଫ	ୋ	କ	ଞ	ଉ	ଞ	ଷ	ଶ	ଙ	ଞ
ଇ	ଅ	ଶ	ି	ଥ	କ	ର	ା	ବ	ୁ	େ	ଜ	ଦ	ଶ
ବ	ଝ	ଇ	ନ	ଣ	ଶ	ୁ	ି	ଣ	ଣ	ହ	ଷ	ଷ	ଶ
ି	ଝ	ଇ	ୁ	ଇ	ଆ	ଣ	ସ	ଲ	ଠ	େ	କ	ୂ	ଆ
ଭ	ଓ	ଲ	ଫ	ଲ	ମ	ନ	କ	ି	ା	ଶ	ହ	ଜ	ଜ
ର	ଞ	େ	ଷ	େ	ଦ	ଅ	କ	ଆ	ଜ	ଚ	ଲ	ୀ	ଣ
ଡ	ହ	ି	ୀ	ଫ	ଶ	ଙ	ଜ	ଙ	ଭ	ା	ଲ	ୂ	ଗ
ଦ	ଂ	ବ	ଢ	ା	ଣ	ୁ	େ	ମ	ୁ	ୀ	ଫ	ଜ	ଷ
ତ	ି	ମ	ି	ଣ	ଚ	ଥ	ଆ	ଷ	ଅ	ଗ	ର	ଅ	ଣ
ହ	ସ	ଅ	ଡ	ୁ	କ	ୂ	କ	ୂ	ର	ଇ	ା	ଥ	ୁ
ଭ	ଷ	ଉ	ଘ	ଟ	ୁ	ୟ	େ	ୋ	କ	ଦ	ି	ର	ଢ
ଆ	କ	ଞ	ଣ	।	ଝ	ଇ	ଉ	ଲ	ଙ	ଡ	ଜ	ୀ	◌

ଭାଲୁ
ବିଭର
ଷଣ୍ଢ
ବିଲେଇ
କୋୟୋଟ୍
କୁକୁର
ଡଲଫିନ୍
ଇଲେଫାଣ୍ଟ |
ଫକ୍ସ
ଜିରାଫ
ଗୋରିଲା
ଘୋଡା
କଙ୍ଗାରୁ
ସିଂହ
ମନକି
ଠେକୁଆ
ମେଣ୍ଢା
ତିମି
ଓଲଫ
ଜେବ୍ରା

21 - Fishing

ସ	ମ	◌ୁ	ଦ	◌୍	ର	◌ା	ତ	ଞ	ଭ	ଣ	ଲ	ଘ	ଞ
ଷ	ଇ	କ	ଇ	ଲ	ଜ	ଡ	◌ୀ	ହ	ଉ	ଉ	ଜ	ଘ	ଷ
ଥ	ସ	ଅ	ୟ	ଇ	କ	ଞ	କ	ଷ	ଚ	ଙ	ୱ	ଇ	ଭ
ଡ	ଣ	ଲ	ଯ	ବ	◌ା	ସ	◌୍	କ	େ◌	ଟ	◌୍	ଚ	ଇ
ହ	◌ୁ	କ	◌୍	ଘ	ଙ	ଅ	ଶ	କ	ତ	ଚ	ଷ	ଦ	ଙ
ଣ	ଲ	ୱ	ର	◌ି	ଆ	ଦ	ଣ	ହ	◌ି	ଚ	ଶ	ଆ	ଣ
ଣ	ଣ	ୱ	◌୍	ଞ	ଗ	ଇ	ଅ	ଶ	କ	ଶ	କ	ଘ	ଣ
ୱ	ଷ	ଥ	େ◌	ଞ	ଉ	ଗ	ଲ	ଲ	◌୍	◌ୀ	◌ୀ	◌ୀ	କ
ଦ	ଅ	ଞ	ଧ	ଞ	ଦ	ଣ	ଗ	ଜ	ୟ	ଞ	କ	ୱ	ଞ
ଦ	ଇ	ଲ	କ	ଷ	ଞ	ଆ	ଦ	ହ	◌ୁ	ଗ	ନ	ଜ	ଓ
ସ	ମ	◌ୁ	ଦ	◌୍	ର	କ	◌ୂ	ଳ	◌୍	ଙ	ଞ	ହ	ଡ
ଣ	ଭ	ଭ	ଡ	ଲ	ଉ	ଲ	ଲ	ଜ	ତ	ର	ଷ	◌୍	ଣ
ପ	◌୍	ର	ଲ	ୋ◌	ଭ	ନ	ଇ	ଅ	ଅ	◌ୀ	ଦ	ନ	ଅ
ଷ	ଞ	ଘ	ଥ	ଣ	ଲ	ୱ	ଘ	ଡ	ଣ	ଦ	ଦ	ଜ	ଙ

ପ୍ରଲୋଭନ
ବାସ୍କେଟ୍
ସମୁଦ୍ର କୂଳ
ଅତ୍ୟୁକ୍ତି
ଗିଲ୍ସ
ହୁକ୍
ଜହ୍ନ
ହ୍ରଦ
ସମୁଦ୍ର
ଧୈର୍ଯ୍ୟ
ନଦୀ
ଜଳ
ଓଜନ
ତାର

22 - Restaurant #1

ଡ	ଅ	ଣ	ହ	ନ	ଣ	ଇ	ଇ	ଣ	ହ	ଘ	ଆ	ଷ	ଥ
ଗ	ୱ	ୱ	ଇ	ା	ଷ	ଶ	ୱ	ଅ	ଣ	କ	ଲ	ଉ	ୀ
ଡ	ୀ	ୀ	ଆ	ପ	କ	ନ	ଆ	ଇ	ମ	ଦ	ର	ଜ	ୱ
ବ	ା	ଉ	ଲ	କ	୍	୍	ଜ	କ	ି	ଡ	୍	ଲ	େ
ଦ	ଥ	ଚ	ଙ	ି	ର	ଚ	ୟ	ଲ	ଠ	ଅ	ଜ	ଛ	ଟ
ଞ	ଞ	ଣ	ଗ	ନ	ଂ	େ	ମ	ା	ା	ଲ	ି	ୁ	୍
ଦ	ଉ	ଜ	ଘ	୍	ସ	ି	ଚ	େ	ସ	ଅ	ଥ	ର	ର
ଚ	ି	କ	େ	ନ	୍	କ	ୀ	ହ	ନ	ି	ଙ	ୀ	େ
କ	ଶ	ମ	ଆ	ଷ	ଅ	ସ	ସ	୍	ଘ	ୁ	ଅ	ଘ	ସ
ଫ	ର	ା	ମ	ସ	ଲ	ା	ଯ	ୁ	କ	୍	ତ	ର	୍
ି	ୁ	ଂ	ଡ	ଉ	ଣ	ଡ	ଘ	ଥ	ଚ	ଇ	ଆ	ଡ	୍
ୀ	ଟ	ସ	ଘ	ଙ	ଚ	ଞ	ଣ	କ	ଇ	ଶ	ଭ	ଞ	ଉ
ଆ	ି	ଗ	ଲ	ହ	ଥ	ଲ	ଚ	ଷ	ଲ	ଜ	ଭ	ଜ	ଉ
ଡ	କ	ଙ	ଭ	ଲ	ଜ	ଶ	ହ	କ	ଭ	ଗ	ଞ	କ	ଡ

ଆଲର୍ଜି
ବାଉଲ
ରୁଟି
କ୍ୟାସିଅର୍
ଚିକେନ୍
କଫି
ମିଠା
କିଚେନ୍
ଛୁରୀ
ମାଂସ
ମେନୁ
ନାପକିନ୍
ସଂରକ୍ଷଣ
ସସ୍
ମସଲାଯୁକ୍ତ
ୱେଟ୍ରେସ୍

23 - Bees

ଶ	ଭ	ପ	ଶ	ଅ	କ	ଶ	କ	ଶ	ଉ	ଅ	ଜ	ଷ	ଉ
କ	ଥ	ଡ	ର	ଇ	କ	◌ୋ	ସ	◌ି	ଷ	◌୍	ଟ	ମ	◌୍
ଚ	ଥ	ଆ	ଚ	◌ା	◌ି	ଗ	ବ	◌ୀ	ଶ	ହ	ହ	ଇ	ଜ
ଦ	◌ୀ	ଷ	ଶ	ଶ	ଗ	ଭ	ହ	ହ	ଅ	ଆ	ଇ	ଭ	କ
◌ୀ	ଭ	ଡ	ଗ	ଝ	ଚ	କ	◌ୀ	◌ୀ	ଙ	ଷ	ଶ	ନ	ଡ
ଉ	ଦ	◌୍	ଭ	◌ି	ଦ	ଗ	◌ା	ଷ	ଅ	ଅ	ମ	ଥ	◌ି
ଗ	◌ୀ	ଗ	ଡ	ଦ	ନ	ଗ	ଘ	ର	ଟ	ପ	ର	◌ା	ଗ
ଧ	◌ୂ	ମ	ପ	◌ା	ନ	ହ	ଜ	ଜ	◌ୀ	ଣ	◌୍	ସ	◌ୁ
ମ	ହ	ମ	କ	ଅ	ୱ	ଆ	ର	ଣ	କ	ଶ	ୱ	◌୍	ଲ
ବ	◌ି	ବ	◌ି	ଧ	ତ	◌ା	ଉ	◌ା	ଉ	ଅ	◌ା	ସ	◌ୁ
ଲ	◌ା	ଭ	ଦ	◌ା	ୟ	କ	ଣ	ଶ	ଣ	ଇ	◌୍	◌ା	ଫ
ଉ	ଅ	କ	ଅ	ଅ	ଲ	ଘ	ଦ	ଜ	ଭ	◌ୀ	ସ	ବ	ଝ
ଇ	ଚ	ଣ	ଆ	ଇ	ୱ	ଷ	ଘ	ଡ	ଲ	ଭ	ଝ	ୱ	କ
ଦ	ଲ	ଶ	ଷ	ଣ	ହ	ଗ	ଡ	ଝ	ଗ	ଷ	ଗ	ଗ	ଷ

ଲାଭଦାୟକ
ବିବିଧତା
ଇକୋସିଷ୍ଟମ୍
ଫୁଲଗୁଡିକ
ବଗିଚା
ବାସସ୍ଥାନ
ହନି
କୀଟ
ଉଦ୍ଭିଦ
ପରାଗ
ପରାଗକାରୀ
ରାଣୀ
ଧୂମପାନ
ସ୍ୱାର୍ମ
ମହମ

24 - Photography

କ	ଦ	ଅ	କ	ଅ	ଭ	ଣ	ଥ	ଅ	ଡ	ଥ	ଇ	ଇ	ଉ
◌୍	ହ	◌	ଝ	ଭ	◌ି	ଜ	◌ୁ	ଆ	ଲ	◌୍	ଅ	ଞ	କ
ୟ	ଝ	ଇ	ଷ	ଗ	ଷ	ଣ	◌ୀ	ଗ	କ	ଇ	ଘ	ଷ	ଲ
◌ା	ଇ	ଗ	ଅ	◌୍	ଝ	ହ	ଞ	କ	ଷ	ବ	ଡ	ଷ	ଷ
ମ	ଞ	ଶ	ହ	ଙ	ଟ	◌ୀ	ନ	ଉ	ଞ	ଞ	◌ି	ଞ	ଘ
◌େ	ଙ	ଝ	ଅ	ର	ଣ	◌ି	ଳ	ଗ	ଦ	ଗ	ଭ	ଷ	ଙ
ର	ତ	◌୍	◌ି	ଚ	ଅ	ର	କ	◌ା	ଧ	◌୍	ନ	ଅ	ୟ
◌ା	ର	ଅ	ଛ	ଜ	ଶ	ଘ	◌ୌ	◌ା	ପ	ଘ	ଘ	କ	ଫ
ଞ	◌ୀ	ଞ	◌ା	ଜ	◌୍	◌ଂ	ସ	ଦ	ଣ	◌ା	ଦ	ଳ	◌୍
ଆ	ପ	ଝ	ୟ	ବ	ସ	◌୍	ତ	◌ୁ	◌ୀ	ଉ	ଠ	◌ା	ର
ଅ	◌ି	ଚ	◌ା	ଣ	ଫ	ର	◌୍	ମ	◌ା	ଟ	◌୍	ଆ	◌େ
ଚ	ବ	ଙ	ଣ	ଚ	ଣ	ଗ	ଝ	ଲ	ଜ	ଷ	ଗ	ଭ	ମ
ଝ	◌ୀ	ଆ	ଭ	ଉ	ଚ	ଡ	ଲ	ଣ	ଆ	ଘ	ଘ	ଆ	◌୍
ଆ	ଜ	ଡ	ହ	କ	କ	ହ	ଉ	ଚ	ଘ	ଉ	ଷ	ଇ	ଗ

କଳା
କ୍ୟାମେରା
ରଙ୍ଗ
ସଂକଳନ
ବିପରୀତ
ଅନ୍ଧକାର
ସଂଜ୍ଞା
ଫର୍ମାଟ୍
ଫ୍ରେମ୍
ବସ୍ତୁ
ଦୃଷ୍ଟିକୋଣ
ଚିତ୍ର
ଛାୟା
ବିଷୟ
ପାଠ
ଭିଜୁଆଲ୍

25 - Sports

ଷ	ଗ	ଡ	କ	ହ	ବ	ଣ	ୀ	ଜ	କ	ଆ	ଶ	ଆ	ଜ
୍	ତ	ଉ	ଘ	ଚ	ା	ଷ	ଶ	ଡ	ହ	ୌ	ଘ	ଘ	ି
ଟ	ି	ଞ	ଡ	ଞ	ସ	ଆ	ଜ	ଦ	ଉ	ଝ	ଚ	ଙ	ମ
ା	ବ	ଗ	ଜ	ଫ	୍	ଲ	ଗ	କ	ଲ	ଚ	ଷ	୍	୍
ଡ	ି	ଙ	ଶ	ଚ	କ	ଆ	ଥ	ଦ	ଥ	ଞ	ଦ	ଞ	ନ
ି	ଧ	ଝ	ଘ	ଉ	େ	ଖ	େ	ଳ	ା	ଳ	ି	ଳ	ା
ୟ	ି	ଆ	ୀ	ଣ	ଟ	ଚ	କ	ଝ	ଅ	ଞ	କ	ଶ	ସ
ମ	ଥ	ଝ	ଦ	ଝ	ବ	ଭ	କ	ଜ	ଇ	ଝ	ହ	ଶ	ି
ଚ	ଝ	ଲ	ଷ	କ	ଲ	କ	େ	ଇ	ା	ସ	ଥ	ଞ	ୟ
ଥ	ଅ	ଘ	ଇ	କ	୍	ବ	େ	ସ	ବ	ଲ	୍	ର	ମ
ଚ	ା	ମ	୍	ପ	ି	ୟ	ନ	ଶ	ି	ପ	୍	େ	୍
ବ	ି	ଜ	େ	ତ	ା	ଖ	ଲ	ଭ	ଝ	ଣ	ଥ	ଫ	ଷ
ଟ	େ	ନ	ି	ସ	୍	ଥ	େ	ଦ	ଶ	ଚ	ଶ	ର	ଶ
ଗ	ଲ	ଉ	ଷ	ଇ	ଅ	ଅ	ଲ	ଳ	ଗ	ଦ	ଝ	ୀ	ଙ

ବେସବଲ୍
ବାସ୍କେଟବଲ୍
ସାଇକେଲ
ଚାମ୍ପିୟନଶିପ୍
କୋଚ୍
ଖେଳ
ଗଲ୍ଫ
ଜିମ୍ନାସିୟମ୍
ହକି
ଗତିବିଧି
ଖେଳାଳି
ରେଫରୀ
ଷ୍ଟାଡିୟମ
ଦଳ
ଟେନିସ୍
ବିଜେତା

26 - Adventure

ଅ	ସ	◌ୁ	ବ	◌ି	ଧ	◌ା	ତ	ଆ	କ	ହ	ଙ	ଉ	ଶ
ନ	◌୍	ସ	ଗ	େ◌	ଭ	◌ି	◌ା	ନ	◌ା	ଷ	ୱ	ଚ	ଡ
ବ	ଶ	ଥ	ଣ	ଣ	ଜ	ଞ	ତ	ୱ	ର	ଭ	ଜ	ଣ	ଗ
ଲ	ହ	କ	ନ	ଜ	ୟ	ଯ	◌୍	ର	◌୍	ଚ	◌୍	ଶ	ଆ
କ	ବ	◌ି	ଷ	କ	ହ	ଙ	ପ	ପ	ଯ	ଦ	ନ	ଞ	ପ
◌୍	◌ି	ୱ	ଷ	ଲ	ଜ	ୱ	ର	◌୍	◌୍	ୱ	◌ୁ	ଣ	◌୍
ଷ	ପ	ଚ	କ	◌୍	ଦ	ଡ	◌ା	ର	ୟ	ଲ	ଆ	ଣ	ର
◌୍	ଜ	ଦ	ଣ	ୱ	କ	ଗ	◌ି	କ	କ	ଡ	ବ	ଷ	ସ
ୟ	◌୍	ଭ	ଥ	ଆ	ଦ	◌ା	ନ	◌	ଲ	ଣ	ନ	ଅ	◌୍
ସ	ଜ	ଚ	ଜ	ଜ	ଥ	ଅ	ର	ତ	◌ା	ଶ	◌୍	ଙ	ତ
◌୍	ନ	କ	ହ	ଅ	ଞ	ଚ	ଭ	◌ି	ପ	ଣ	ଧ	ଜ	◌ୁ
ଥ	କ	ଜ	ହ	ଣ	ଗ	ଉ	ଚ	ଗ	ଯ	◌ୋ	◌ୁ	ସ	ତ
ଲ	ସ	◌ୌ	ନ	◌୍	ଦ	ର	◌୍	ଯ	◌୍	ୟ	ଗ	ଶ	◌ି
ଅ	ସ	◌ା	ମ	◌ା	ନ	◌୍	ୟ	ଗ	ଙ	ଶ	ଣ	ଲ	ଘ

କାର୍ଯ୍ୟକଳାପ
ସୌନ୍ଦର୍ଯ୍ୟ
ସୁଯୋଗ
ବିପଜ୍ଜନକ
ଲକ୍ଷ୍ୟସ୍ଥଳ
ଅସୁବିଧା
ବହିଷ୍କାର
ବନ୍ଧୁଗଣ
ପ୍ରକୃତି
ନାଭିଗେସନ୍
ନୂଆ
ପ୍ରସ୍ତୁତି
ନିରାପତ୍ତା
ଆଶ୍ଚର୍ଯ୍ୟଜନକ
ଅସାମାନ୍ୟ

27 - Circus

ଇ	ମ	◌୍	ୟ	◌ୁ	ଜ	◌ି	କ	◌୍	।	ବ	◌ୀ	ଭ	ଞ
ଆ	ଲ	ଉ	ଷ	ହ	ଭ	ଜ	ଶ	ଭ	ଦ	◌େ	◌ୀ	ଲ	ଞ
ଥ	କ	◌େ	ଆ	କ	ଲ	ଗ	◌୍	ଣ	ଗ	ଲ	ଚ	ଉ	ଦ
ଡ	ୱ	◌୍	ଫ	ଷ	ଅ	ଲ	ର	ଣ	ଲ	◌ୁ	ଗ	ଗ	କ
ଣ	ଇ	ଞ	ର	◌ା	ଡ	ର	ଦ	ଷ	ଆ	ନ	ଡ	ହ	ଦ
ବ	ହ	ଙ	ନ	◌ୋ	ଣ	◌୍	ଥ	ୱ	ଜ	◌୍	ଡ	ଚ	ଭ
◌ା	ଭ	ଥ	◌େ	ପ	ବ	◌୍	କ	◌୍	ଲ	◌ା	ଉ	ନ	◌୍
ଘ	କ	ଯ	ମ	ଭ	ଲ	◌୍	ଟ	ଥ	ଇ	ଡ	ଘ	କ	ଗ
ହ	ଅ	ଡ	◌ା	ଜ	ଡ	ଭ	ୟ	।	ଶ	ଇ	ଥ	ଦ	ଇ
ଷ	ହ	ଆ	◌ୁ	ଦ	ବ	ଥ	ଘ	◌ା	ଚ	ୱ	ମ	ଉ	ଷ
ଷ	ଶ	ୱ	ଶ	ଥ	◌ୁ	ଚ	କ	ଣ	ଟ	ଞ	ନ	ଶ	ଲ
ଙ	ଉ	ଶ	ପ	କ	◌୍	ଙ	କ	ଗ	ଅ	◌୍	କ	ଞ	ଡ
ହ	ଞ	ହ	ହ	ଣ	ମ	ଆ	ଞ	ଶ	ହ	◌ଂ	◌ି	ସ	ଷ
ଗ	ଗ	ଆ	ଚ	ଅ	ତ	ଅ	ଘ	ଉ	ହ	ଣ	ଗ	ଶ	ଦ

ଆକ୍ରୋବ୍ୟାଟ୍
ପଶୁମାନେ
ବେଲୁନ୍
କ୍ଲାଉନ୍
ପୋଷାକ
ଇଲେଫାଣ୍ଟ ।
ଜଗଲର୍
ସିଂହ
ଯାଦୁ
ମନକି
ମ୍ୟୁଜିକ୍ ।
ଦର୍ଶକ
ତମ୍ବୁ
ବାଘ

28 - Geology

ମ	ଇ	ଷ	ଣ	ଗ	ଜ	ଡ	କ	ଣ	ଣ	ଥ	ଶ	ୱ	ଷ
ହ	ଟ	ଷ	ଡ	ଘ	◌ୀ	ଘ	ଡ	◌ୁ	◌ି	ସ	ଏ	ୱ	ଚ
◌ା	◌ୁ	ଆ	ଅ	ଦ	ବ	ଅ	କ	ଷ	ଷ	ଦ	ଆ	ଶ	ୱ
ଦ	ଇ	ଣ	ଚ	ଫ	◌ା	ମ	◌ୁ	◌ୃ	ଗ	ୟ	ଞ	ହ	ଦ
◌େ	ଟ	କ	◌ୃ	ଭ	ଶ	ଗ	ଅ	ପ	◌୍	ଥ	◌ି	ବ	◌ୀ
ଶ	◌ା	ଥ	ଜ	ଲ	◌ୁ	ଟ	◌ା	ଷ	◌ୁ	ର	◌ି	◌ୁ	କ
ନ	କ	ଇ	ଥ	ଷ	ମ	ଘ	ଡ	କ	◌ୋ	ର	◌ା	ଲ	◌ୁ
◌ୋ	◌ୁ	◌ୀ	ର	ଜ	◌ି	ଗ	ଙ	ଷ	ଡ	ତ	ଷ	ଷ	ଇ
କ	ଲ	ଦ	ଚ	ଭ	ଭ	◌ୀ	ଣ	◌ୀ	ହ	◌ୁ	ଙ	ଘ	ୱ
◌ା	◌ା	ଞ	ଭ	ଇ	◌ୃ	ଡ	ଡ	ଇ	ଷ	ସ	ଥ	କ	ଦ
ଲ	ଟ	ଥ	ଇ	ଥ	ଳ	ଅ	ଞ	ଷ	ଆ	ଇ	ଭ	ଞ	ହ
◌ୋ	◌ା	ଭ	ଡ	କ	◌ା	ଲ	ସ	◌ି	ୟ	ମ	◌ୁ	ଘ	ଆ
ଭ	◌ୁ	ଭ	ଟ	◌ୁ	ମ	◌ି	ଗ	ଲ	◌ା	ଟ	◌ା	◌ୁ	ଷ
ଗ	ଷ	ଞ	◌ା	କ	◌ୁ	ୱ	◌ା	ର	◌ୁ	ଟ	ଜ	◌ୁ	ହ

ଏସିଡ୍
କାଲସିୟମ୍
ଗୁମ୍ଫା
ମହାଦେଶ
କୋରାଲ୍
କ୍ରିଷ୍ଟାଲ୍
ପୃଥିବୀ
କ୍ଷୟ
ଜୀବାଶ୍ମ
ଗିଜର
ଲାଭା
ସ୍ତର
ମାଳଭୂମି
କ୍ୱାର୍ଟଜ୍
ଲୁଣ
ଷ୍ଟାଲାକ୍ଟାଇଟ୍
ଷ୍ଟାଲାଗମିଟ୍
ଭୋଲକାନୋ

29 - House

ଚ	ୱ	◌ୀ	ଲ	ଲ	◌ୀ	ଲ	ତ	ବ	ଅ	ହ	ଉ	ଘ	ଶ
ଜ	◌ି	ଦ	ଞ	◌୍	ଞ	ଚ	◌ା	◌ି	ଗ	ବ	ବ	ଗ	ଙ
ଙ	ଣ	ଗ	ଆ	ୟ	ଞ	ଦ	ଛ	◌ା	◌୍	ୱ	◌ା	ୱ	ଡ
ର	◌୍	ଭ	ଇ	◌ା	ଘ	ୱ	ଷ	ଚ	ନ	◌ା	ଇ	ଡ	କ
◌ୀ	ଡ	କ	◌ୀ	ମ	ଗ	◌ୀ	ଲ	ଭ	◌ି	ଲ	ଧ	ଥ	◌
ର	◌ୌ	ନ	ନ	◌୍	ଚ	◌େ	◌ି	କ	ଶ	◌୍	◌ୌ	ଜ	ଫ
◌େ	ଲ	ଶ	◌ି	ପ	ଆ	ଭ	ଘ	ୱ	ମ	ଇ	◌ା	ଥ	ର
ବ	◌୍	ର	◌ୁ	ମ	◌୍	ଧ	ୱ	ଙ	ଲ	ଅ	ଗ	ଜ	◌୍
◌୍	ଦ	◌ୀ	ଘ	ଙ	◌ି	ଇ	◌ା	ଆ	ଟ	◌ି	କ	◌୍	ଣ
ଇ	ହ	ଗ	ଗ	ଚ	ଶ	◌ି	ଘ	ର	କ	ବ	◌ା	ଟ	◌୍
◌ା	◌ୀ	ଲ	ଭ	ଘ	ଦ	ଅ	ଚ	ଣ	ପ	◌୍	ର	ଦ	ଣ
ଲ	ଗ	◌୍	ୟ	◌ା	ର	◌େ	ଜ	◌୍	ର	ଭ	ଶ	ହ	◌ି
ଡ	ଅ	ଅ	◌ୀ	ଉ	ଙ	ଉ	ଜ	ଚ	ଦ	ଘ	ଶ	ଆ	ଚ
ଶ	ଗ	ଲ	ହ	ଥ	ଡ	ଜ	ଆ	ଲ	◌ା	ଞ	ଆ	ଶ	ର

ଆଟିକ୍
ଆଧାର
ବ୍ରୁମ୍
ଚିମିନି
ପରଦା
କବାଟ
ବାଡ଼
ଅଗ୍ନିଶମ
ଫର୍ଣ୍ଣିଚର
ଗ୍ୟାରେଜ୍
ବଗିଚା
ଚାବି
କିଚେନ୍
ଲ୍ୟାମ୍ପ
ଲାଇବ୍ରେରୀ
ଦର୍ପଣ
ଛାତ
ଗାଧୋଇବା
ୱାଲ୍
ୱିଣ୍ଡୋ

30 - Physics

ଗ	ଥ	ନ	କ	ଇ	ଲ	କ	ଇ	ଶ	କ	ଷ	ଉ	ଞ	ୱ
ବ	ତ	୍	ୱ	ର	ା	ନ	୍	ୱ	ି	ତ	ଅ	ଗ	ଞ
ା	ା	ଜ	ଲ	ଭ	ମ	ି	ଞ	ଥ	ଭ	ା	ବ	ଣ	ହ
ର	କ	ି	ଅ	ୱ	ୁ	ୟ	ଆ	ଚ	ଘ	ୟ	ି	ମ	ୁ
ମ	ଷ	୍	ୀ	ସ	୍	ା	ମ	ଗ	ଗ	କ	ଶ	େ	ଭ
୍	ି	ଞ	ଷ	ଘ	ର	ସ	ଇ	ଗ	ଗ	ୀ	◌	କ	ଅ
ଵ	କ	ଇ	ଥ	ଜ	ଫ	ର	ଙ	ଗ	େ	ବ	ଙ	ା	ଆ
ା	୍	କ	ଆ	ପ	ର	ମ	ା	ଣ	ୁ	ମ	୍	ନ	ଞ
ର	େ	ମ	ଚ	କ	ା	ତ	ନ	ଘ	ଆ	୍	ଖ	ି	ଗ
ତ	ପ	ଥ	ଟ	ଭ	ା	ଗ	ା	ଷ	ଚ	ୁ	ଲ	କ	୍
ା	ଆ	ଷ	ଘ	ଆ	ଅ	ଶ	ଆ	ସ	ଆ	ଚ	ା	୍	ୟ
ଇ	ଲ	େ	କ	୍	ଟ	୍	ର	ନ	୍	ଭ	ଙ	ସ	ା
ସ	ର	୍	ବ	ଭ	ା	ର	ତ	ୀ	ୟ	ି	ୱ	ୀ	ସ
ଡ	ଅ	ହ	ଇ	ଆ	ଙ	ଞ	ଷ	ଭ	ଙ	ଅ	ବ	ଭ	୍

ତ୍ୱରାନ୍ୱିତ
ଆଟମ୍
ବିଶୃଙ୍ଖଳା
ରସାୟନିକ
ଘନତା
ଇଲେକ୍ଟ୍ରନ୍
ଇଞ୍ଜିନ୍
ବିସ୍ତାର
ଫର୍ମୁଲା
ବାରମ୍ବାରତା
ଗ୍ୟାସ୍
ଚୁମ୍ବକୀୟତା
ମାସ୍
ମେକାନିକ୍ସ
ଅଣୁ
ପରମାଣୁ
ଭାଗ
ଆପେକ୍ଷିକତା
ସର୍ବଭାରତୀୟ
ବେଗ

31 - Bathroom

ଫ	ଚ	ଜ	ଇ	ଉ	ଭ	ଚ	ଞ୍ଜ	କ	ଘ	ଉ	ଆ	ଣ	ଦ
ଲ	◌ା	ବ	ବ	◌ୁ	ଲ	◌୍	କ	ଇ	ଇ	ଇ	ଚ	ଭ	ର
ଶ	ଡ	ଉ	ଦ	ଘ	ଚ	ଚ	◌୍ୟ	ହ	ହ	ଘ	ଉ	ଶ	◌୍
ଦ	ଘ	◌୍ୟ	ସ	କ	ଗ	ଭ	ଆ	ଚ	ଇ	ଶ	ଘ	ଘ	ପ
ଶ	ଦ	ଞ୍ଜ	ନ	◌ି	ହ	ଜ	ଘ	ଅ	ଜ	ଅ	ଇ	ଇ	ଣ
ଚ	◌୍	ଇ	ବ	ଉ	ଟ	ଞ୍ଜ	ଉ	ଭ	ଡ	ଜ	ଘ	ଙ	ଲ
ଷ	ଚ	ୟ	◌ୁ	ହ	ଅ	◌୍	କ	ଇ	◌ି	ଚ	◌ି	ପ	◌େ
ଜ	ଞ୍ଜ	ଜ	◌ା	◌୍ୟ	କ	ପ	ଷ	◌୍	◌ା	ବ	ହ	ର	ସ
ଲ	ଳ	ଥ	ସ	ମ	କ	◌୍	ଅ	ଙ	ହ	◌ା	ଲ	ଫ	ନ
ଣ	ଶ	ଥ	ଘ	◌୍ୟ	◌୍	ସ	ଭ	ଅ	ଅ	ଇ	କ	◌୍	◌୍
ଆ	ଷ	ଗ	ଶ	ଅ	ଲ	ପ	◌୍ୟ	ଇ	ଶ	ଧ	ଉ	ୟ	ସ୍ୱ
ତ	ଉ	ଲ	◌ି	ଆ	ଉ	ଗ	◌ୋ	କ	ଉ	◌ୋ	ଡ	◌୍	ଅ
ଆ	ଘ	ଆ	ହ	ସ୍ୱ	ଇ	ଜ	ଡ	ଶ	◌୍ୟ	◌ା	ଷ	ମ	କ
ଚ	ଙ	ସ୍ୱ	ସ୍ୱ	ଶ	◌ୌ	ଚ	◌ା	ଳ	ୟ	ଗ	ଣ	◌୍	ଜ

ବବୁଲ୍
ଫାଉସିଟ୍
ଲୋସନ୍
ଦର୍ପଣ
ପରଫ୍ୟୁମ୍
କଇଁଚି
ଶ୍ୟାମ୍ପୋ
ଗାଧୋଇବା
ସାବୁନ
ସ୍ୱଞ୍ଜ
ବାଷ୍ପ
ଶୌଚାଳୟ
ତଉଲିଆ
ଜଳ

32 - Dance

ଉ	କ	ଙ	ଣ	ଚ	ଶ	ଭ	ତ	◌ା	ଲ	ଙ	◌ୀ	ଣ	ଇ
ଷ	◌ୋ	ଗ	କ	ଚ	ଷ	◌ା	ଉ	ଷ	ଉ	କ	ଙ	ଞ	ଭ
ଷ	ର	ଗ	ତ	ଲ	ଞ	ଆ	ସ	ନ	ହ	ୟ	ଶ	ଲ	◌ି
ଇ	◌ି	ତ	◌ି	ଅ	◌ା	ଣ	କ	◌ୁ	ଙ	◌ି	କ	ଶ	ଜ
ଅ	ଓ	◌ି	କ	ସ	ଭ	ଉ	କ	ସ	ତ	ଜ	ଘ	କ	◌ୃ
ଘ	ଗ	ବ	◌	ଇ	◌ା	ଷ	ଦ	◌ୋ	ଉ	◌ୁ	ଇ	ଉ	ଆ
ସ	◌ୁ	◌ି	ସ	ଚ	ଡ	ଥ	ଇ	ମ	ଡ	ଣ	ର	ଙ	ଲ
◌ଂ	ର	ଧ	◌ୁ	ଡ	ଙ	ଡ	◌ୀ	ଇ	ଆ	◌ି	ଇ	◌ୀ	◌ୃ
ସ	◌ା	◌ି	◌ଂ	ର	◌ି	ହ	ର	◌ୁ	ସ	◌ା	ଲ	◌ୁ	ୟ
◌ୁ	ଫ	ଡ	◌ା	ଜ	ଉ	ଞ	ଘ	ଇ	ଷ	ବ	ଷ	ଣ	ହ
କ	◌ି	ଦ	ସ	ଭ	ଜ	ଭ	◌ା	ବ	ପ	◌ୁ	ର	ବ	ଣ
◌	ଗ	ଆ	ନ	ନ	◌ୁ	ଦ	ଦ	◌ା	ୟ	କ	ଭ	ଞ	ଭ
ତ	ଏ	କ	◌ା	ଡ	◌େ	ମ	◌ୀ	ଗ	ଲ	ଙ	ଣ	ଷ	ଥ
◌ି	ମ	◌ୁ	ୟ	◌ୁ	ଜ	◌ି	କ	◌ୁ	।	ଷ	ଣ	ଚ	ହ

ଏକାଡେମୀ
କଳା
କୋରିଓଗ୍ରାଫି
ଶାସ୍ତ୍ରୀୟ
ସାଂସ୍କୃତିକ
ସଂସ୍କୃତି
ଇମୋସନ୍
ଭାବପ୍ରବଣ
ଆନନ୍ଦଦାୟକ
ଗତିବିଧି
ମ୍ୟୁଜିକ୍ ।
ସାଥୀ
ରିହର୍ସାଲ୍
ତାଳ
ବାଣିଜ୍ୟିକ
ଭିଜୁଆଲ୍

33 - Coffee

ଷ	ଆ	ହ	ଘ	ମ	ଓ	ସ	ତ	◌ି	କ	◌୍	ତ	ହ	ଗ
ଓ	ଗ	ଥ	ଉ	◌	ଓ	କ	◌	ଚ	ଜ	◌ୀ	ଉ	◌ୀ	◌୍
ଅ	ଶ	ହ	ଙ	ଲ	ଓ	ଦ	ଙ	ଷ	ଇ	ଉ	ଜ	ଆ	ର
ଜ	ଅ	ଓ	ଚ	◌୍	ଗ	ଜ	ଚ	ଓ	◌୍	ଷ	ଶ	ପ	◌ା
ଲ	ଚ	ଙ	ଘ	ୟ	ଦ	◌ୀ	ନ	◌ା	ଷ	ଟ	ଷ	◌୍	ଇ
ଉ	ଇ	ଉ	ଙ	ଦ	ଅ	ମ	◌୍	ଲ	◌ୀ	ୟ	◌ି	ର	ଶ
ଉ	ତ	ଚ	◌ି	ନ	◌ି	ହ	◌ି	କ	ସ	ଷ	ଥ	ଭ	◌୍
ଜ	ଗ	◌୍	ଚ	ଘ	ଘ	ହ	ଫ	ଭ	◌୍	ଗ	ଉ	◌ା	ଡ
ଶ	ଷ	ଚ	ପ	ଲ	ଭ	ଜ	କ	କ	ଓ	ଓ	ହ	ତ	◌୍
ଶ	ଷ	ଅ	ଦ	ତ	ଓ	ଚ	ଡ	ଞ	◌ା	ଓ	ଜ	ଓ	କ
କ	◌୍	ଷ	◌ୀ	ର	◌୍	ଭ	ଇ	ଚ	ଦ	ହ	କ	ଜ	ଅ
ଙ	ଘ	ଓ	ହ	ଦ	ଥ	ତ	ଚ	ଗ	ହ	ଦ	ପ	ଗ	ଷ
ଚ	ଥ	ଉ	ଦ	ଘ	ଙ	ଜ	◌ି	କ	ଆ	କ	◌୍	ଓ	ଗ
ଦ	ଚ	ଶ	ଭ	ଉ	ଆ	କ	ଆ	ଡ	ଡ	କ	ଘ	ଦ	ଡ

ଅମ୍ଳୀୟ
ତିକ୍ତ
କଳା
କଫିନ୍
ସୃଷ୍ଟି
କପ୍
ସ୍ୱାଦ
ଗ୍ରାଇଣ୍ଡ୍
କ୍ଷୀର
ପ୍ରଭାତ
ଉତ୍ପତ୍ତି
ମୂଲ୍ୟ
ଚିନି
ଜଳ

34 - Colors

ଗ	ୋ	ଲ	ା	ପ	ୀ	ବ	ନ	ସ	ଷ	ଜ	ଝ	ହ	ଭ
ଭ	ଭ	ଥ	ଶ	କ	ମ	େ	ଷ	ୀ	ବ	ଷ	ହ	କ	ା
ବ	ା	ଇ	ଗ	ଣ	ୀ	ଜ	ଣ	ଦ	ଳ	ୁ	ଡ	ଇ	ୟ
ଙ	ଥ	ଚ	ଲ	ଝ	ଦ	ୁ	ଉ	ଇ	ଷ	କ	ଜ	ଦ	ୋ
ଡ	ଚ	ଝ	ଇ	କ	ା	ଗ	ଙ	ଇ	ଆ	ଣ	ହ	ଉ	ଲ
ଫ	ୁ	ସ	ି	ଆ	ା	ଚ	ହ	ଗ	ଆ	ଶ	ଝ	ଅ	େ
ଟ	ଥ	ଘ	ସ	ଦ	ବ	ଗ	ଳ	ଜ	ଙ	କ	ଲ	ଇ	ଟ
ଭ	ଞ	ଞ	ଦ	େ	ଷ	ୋ	ଦ	ଷ	ହ	ୀ	ଚ	ଶ	ୁ
ଣ	ଷ	ଚ	ଗ	କ	ପ	ଡ	ି	ଚ	ଚ	ଝ	କ	ଶ	ଝ
ଗ	ହ	ଦ	ଥ	ଳ	ଞ	ି	ଆ	ଦ	ଡ	ଷ	ଭ	ଭ	ଝ
ଇ	ଅ	ଲ	ୁ	ା	ଲ	ୁ	ଆ	ୀ	ଶ	ଣ	ଦ	ଘ	ଷ
ସ	ି	ଆ	ନ	ୁ	ଗ	ଣ	ଙ	ଇ	ହ	ଙ	ଣ	ୀ	ଙ
ଞ	ଝ	ଆ	ଝ	ଙ	ଉ	ଇ	ଞ	ଚ	ଦ	ଣ	ଘ	ଷ	ଡ
ଜ	ମ	ା	ଜ	େ	ଣ	ୁ	ଟ	ା	ଳ	ମ	କ	ଲ	ଚ

ବେଜ୍
କଳା
ନୀଳ
ବାଦାମୀ
ସିଆନ୍
ଫୁସିଆ
ସବୁଜ
ଇଣ୍ଡିଗୋ
ମାଜେଣ୍ଟା
କମଳା
ଗୋଲାପୀ
ବାଇଗଣୀ
ଲାଲ୍
ସେପିଆ
ଭାୟୋଲେଟ୍
ହଳଦିଆ

35 - Shapes

ହ	ଦ	ଆ	ୟ	ତ	କ	◌୍	ଷ	◌େ	ତ	◌୍	ର	ଞ	ଓ
ଥ	ଜ	ଜ	ଞ	ଅ	ଘ	ଷ	ଣ	ଗ	◌ୀ	ଶ	ନ	ଘ	ଭ
ଥ	ଣ	ଦ	◌ୀ	ଜ	ଞ	ଣ	କ	◌ୋ	ର	◌ି	◌୍	ତ	◌ା
ହ	ଲ	ଭ	ଚ	ଘ	କ	ଘ	ଉ	କ	ଥ	ଙ	ଗ	ଡ	ଲ
ଏ	◌ା	ଞ	ଜ	ଭ	ଙ	ଉ	ମ	◌୍	ଜ	ର	◌ି	◌୍	ପ
ଆ	ଘ	ଇ	ର	◌େ	ଖ	◌ା	କ	ୟ	ଘ	ଡ	ଲ	ମ	ଗ
ର	ସ	◌ି	ପ	◌୍	◌ି	ଲ	ଏ	◌ୁ	ଖ	ଣ	ପ	◌ି	◌ୀ
ସ	କ	◌ୋ	ଣ	ର	◌୍	କ	ବ	ବ	ଙ	◌୍	ଚ	ର	ଲ
◌ି	ତ	ତ	◌୍	◌	ବ	କ	ଞ	◌ି	ଇ	ଲ	ଷ	◌ା	ଦ
ଇ	ବ	ର	◌୍	ଗ	ଞ	◌ୋ	ଘ	ଚ	ଷ	◌ି	ଇ	◌ି	ଭ
ର	◌ା	ଉ	ଣ	◌୍	ଡ	◌ୀ	ଲ	ଉ	କ	◌ି	ଜ	ପ	ଷ
ଧ	◌ା	ର	ଗ	◌ୁ	ଡ	◌ି	କ	◌ା	ଡ	ସ	ଜ	ଘ	◌ୀ
ଞ	ଅ	ଞ	ଷ	ଙ	ଥ	ଦ	ଣ	କ	◌ୋ	ନ	◌୍	କ	ଉ
ଞ	ଣ	ଡ	ଚ	କ	ଖ	ଶ	ଇ	ଭ	ଡ	ଙ	ଣ	ଗ	ଉ

ଏଆରସି
ବୃତ୍ତ
କୋନ୍
କୋଣ
କ୍ୟୁବି
ବକ୍ର
ସିଲିଣ୍ଡର
ଧାରଗୁଡିକ
ଏଲିପ୍ସ
ହାଇପରବୋଲା
ରେଖା
ଓଭାଲ
ପଲିଗନ୍
ପ୍ରିଜମ୍
ପିରାମିଡ୍
ଆୟତକ୍ଷେତ୍ର
ରାଉଣ୍ଡ
ବର୍ଗ
ତ୍ରିକୋଣ

36 - Scientific Disciplines

ୱ	ଉ	ୱ	କ	ଶ	ଇ	ଙ	ର	ର	ଆ	ଇ	ଆ	ଣ	ହ
ୀ	ଇ	ଦ	ଞ	ଜ	ଶ	ଉ	ୋ	ଗ	ସ	ଗ	ଉ	ଜ	ଆ
ଉ	ୱ	ନ	ଞ	ା	ଜ	୍	ବ	ି	ଜ	ା	ମ	ସ	ଥ
ଙ	କ	ଭ	ଆ	ଷ	ୱ	ଷ	ୋ	ଥ	ଗ	ୀ	ୟ	ଞ	ଭ
ଇ	କ	ୋ	ଲ	ୋ	ଜ	ି	ଟ	ଥ	ଚ	ୱ	ହ	ନ	ୱ
ଷ	ଜ	ି	ଲ	ୋ	ଓ	ଜ	ି	ି	ଫ	ଲ	ଚ	ଗ	ଘ
ଙ	ଚ	ଞ	ଣ	ଇ	ଇ	ର	କ	ଟ	ି	ଷ	୍	୍	ପ
ଗ	ହ	ଅ	ଶ	ଜ	ସ	କ	୍	ନ	ି	କ	ା	େ	ମ
ଆ	ଷ	ଜ	ି	ଲ	ୋ	ଓ	ସ	ି	ନ	େ	ି	କ	କ
ବ	ା	ୟ	ୋ	ଲ	ୋ	ଜ	ି	ଆ	ଷ	କ	ୱ	ଅ	ଚ
ଶ	ା	ଅ	କ	ମ	ନ	ୋ	ବ	ି	ଜ	୍	ଞ	ା	ନ
ଉ	ଭ	ଜ	ି	ଓ	ଲ	ୋ	ଜ	ି	।	ଭ	ୀ	ଘ	ଶ
ଜ	ୱ	ଇ	ମ	୍	ୟ	ୁ	ନ	ୋ	ଲ	ୋ	ଜ	ି	ଉ
ଆ	ନ	ା	ଟ	ୋ	ମ	ି	ଚ	ଲ	ଘ	ଗ	କ	ଦ	ଦ

ଆନାଟୋମି
ବାୟୋଲୋଜି
ରସାୟନ
ଇକୋଲୋଜି
ଜିଓଲୋଜି |
ଇମ୍ୟୁନୋଲୋଜି
କିନେସିଓଲୋଜି
ଭାଷା
ମେକାନିକ୍ସ
ପୁଷ୍ଟିକର
ଫିଜିଓଲୋଜି
ମନୋବିଜ୍ଞାନ
ରୋବୋଟିକ୍ସ
ସମାଜବିଜ୍ଞାନ

37 - Science

ପ	ହ	ପ	ମ	ପ	ଥ	କ	ଣ	ଆ	ଚ	ୱ	ଦ	◌ୀ	ଲ
ର	◌ା	◌୍	◌ା	ଭ	ର	ଣ	ଅ	ଟ	ଇ	ଣ	କ	କ	◌ା
◌୍	ଇ	ର	ଧ	◌ୀ	ୱ	◌ୀ	ଞ	ମ	ଦ	ଇ	କ	ଉ	ବ
ଯ	ପ	କ	◌୍	ଞ	କ	ଣ	କ	◌୍	ଉ	ଣ	ଞ	ଞ	◌ୈ
◌୍	◌ୌ	◌	ୟ	ଅ	ଡ	ମ	ଶ	◌୍	ବ	◌ା	◌ୀ	ଜ	ର
ୟ	ଥ	ତ	◌ା	ଜ	ଣ	ଅ	ଉ	ଜ	ଷ	ଷ	ଶ	କ	◌େ
ବ	◌େ	◌ି	କ	ଞ	ଇ	◌ୁ	ଣ	ଭ	ଲ	ଣ	ଷ	ଭ	ଟ
◌େ	ସ	ୱ	ର	ଜ	ଉ	ଡ	◌ୀ	◌ା	ଶ	ବ	ଘ	ଞ	◌ୈ
କ	◌ି	◌ୀ	◌୍	ଷ	ଥ	ଚ	ଇ	ଗ	ଞ	କ	◌ା	ଗ	ର
◌୍	ସ	ଙ	ଷ	ଙ	ଅ	ଣ	ଷ	ଗ	ଙ	ଲ	ଞ	ୟ	◌ୀ
ଷ	◌୍	କ	ଣ	ଜ	ୱ	ଉ	କ	◌ୁ	ଙ	ଦ	ଅ	ଞ	◌ୁ
ଣ	ା	ତ	ଥ	◌୍	ୟ	ଲ	ଇ	ଡ	ଚ	ଚ	ଥ	ଲ	ଅ
ର	ସ	◌ା	ୟ	ନ	◌ି	କ	ତ	◌ି	ଧ	◌୍	ଦ	ପ	ଦ
ଉ	ଦ	◌୍	ଭ	◌ି	ଦ	କ	ଗ	କ	ଜ	ଷ	ଶ	ଦ	◌ୀ

ଆଟମ୍
ରସାୟନିକ
ଜଳବାୟୁ
ପରୀକ୍ଷଣ
ତଥ୍ୟ
ଜୀବାଶ୍ମ
ମାଧ୍ୟାକର୍ଷଣ
ହାଇପୋଥେସିସ୍ ।
ଲାବୋରେଟୋରୀ
ପଦ୍ଧତି
ଅଣୁ
ପ୍ରକୃତି
ପର୍ଯ୍ୟବେକ୍ଷଣ
ଭାଗଗୁଡିକ
ଉଦ୍ଭିଦ

38 - Beauty

ଷ	ଉ	।	ଲ	ଶ	◌୍	ୟ	◌ା	ମ	◌୍	ପ	◌ୋ	ଷ	ଆ
ଣ	କ	କ	◌୍	◌ି	ଚ	କ	ଇ	◌	ଚ	◌ି	ଇ	କ	କ
ଦ	ର	◌୍	ପ	ଣ	ପ	ଦ	ଚ	ଙ	ଓ	କ	ଭ	ଆ	ର
ଫ	ଲ	ଟ	ଶ	ଧ	ଥ	ଷ	କ	ଥ	ହ	ଆ	କ	ଥ	◌୍
ଟ	ଡ	◌ି	ୱ	ନ	ଚ	ଞ	◌୍	◌ୁ	କ	ଞ	ଇ	ଡ	ଷ
◌ୋ	ଇ	ମ	◌ୀ	◌୍	ଶ	ଆ	ଜ	ଟ	ଡ	ଗ	ଶ	ଏ	ଣ
ଜ	ଷ	◌େ	ଆ	ଗ	ଅ	କ	ଞ	ଡ	◌ି	ଡ	ଞ	ୱ	ଲ
◌େ	ଚ	◌୍	ଇ	◌ୁ	ଶ	ଅ	ଅ	ଚ	ଗ	କ	ହ	ଇ	ଲ
ନ	କ	ସ	ସ	ସ	ଶ	◌ୋ	ଭ	◌ା	◌ୁ	ଲ	◌୍	କ	ଇ
◌ି	ଭ	କ	ଇ	◌ୁ	ଆ	◌ୀ	ଲ	ଆ	ବ	ଦ	ୱ	ଡ	ଷ
କ	ଥ	ଉ	ଗ	ଙ	ନ	ଡ	ଶ	ଡ	◌ା	ଘ	ର	◌ୀ	ଆ
◌୍	ଶ	ୱ	ଞ	ଦ	ଣ	◌୍	ଉ	ଡ	◌େ	ଷ	ଙ	କ	◌ୀ
ମ	ସ	◌୍	କ	◌ା	ର	◌ା	ଦ	ଜ	ସ	ଦ	◌୍	ଶ	ଆ
ଭ	ହ	ଭ	ଚ	ର	◌୍	ମ	ଗ	ର	ଜ	◌ୀ	ଗ	ଣ	କ

ଆକର୍ଷଣ
ରଙ୍ଗ
କସ୍ମେଟିକ୍ |
କୁଞ୍ଚନ
ଶୋଭା
ସୁନ୍ଦର
ସୁଗନ୍ଧ
ଲିପଷ୍ଟିକ୍
ମସ୍କାରା
ଦର୍ପଣ
ଓଆଇଏଲ
ଫଟୋଜେନିକ୍
କଇଁଚି
ସେବାଗୁଡିକ
ଶ୍ୟାମ୍ପୋ
ଚର୍ମ
ଚିକ୍କଣ

39 - Clothes

କ	ନ	ଦ	ବ	ଜ	ପ	ସ	◌୍	ଭ	ଲ	◌ୋ	◌୍	ଗ	ଝ
ଟ	◌୍	◌ୋ	କ	◌୍	ଫ	◌୍	◌୍	ପ	◌ା	ଜ	◌ା	ମ	◌ା
◌ୋ	ର	◌ା	ହ	ଉ	ର	ଜ	ୟ	କ	ଜ	◌ୋ	ତ	◌ା	ଆ
ପ	◌୍	ଡ	ଇ	ଲ	◌୍	◌େ	ଦ	◌ା	ର	ଉ	ଝ	ବ	ଘ
◌ି	ପ	ଣ	ଚ	◌ା	କ	ହ	ସ	କ	ଣ	◌୍	ଲ	◌େ	ୱ
ଭ	ଆ	ଷ	ଦ	◌୍	◌ା	ଭ	ଫ	ଲ	ହ	◌୍	ଟ	ଲ	ଙ
କ	ଝ	ଡ	ଟ	ବ	◌୍	ହ	◌୍	ଭ	◌େ	ଣ	ଟ	◌୍	ଶ
ସ	◌ା	ର	◌୍	ଟ	ସ	ଚ	ୟ	ଭ	ଜ	ଟ	ଭ	ଟ	ଲ
କ	ଆ	ଟ	କ	ଦ	କ	ଷ	◌ା	◌ୋ	ପ	କ	◌୍	ଅ	ଅ
ଣ	ଗ	ୱ	◌େ	◌ୀ	ଷ	ଙ	ଶ	ଆ	ଷ	ଘ	ଝ	ଆ	ଦ
ଚ	ଶ	◌େ	ୟ	ଚ	ଝ	ଜ	ନ	ଝ	ଉ	ହ	ଥ	ଷ	ଡ
ଅ	ଭ	◌୍	◌ା	ହ	ଝ	ଜ	◌୍	ଷ	କ	ହ	ଶ	ଷ	ହ
କ	ଇ	ସ	◌୍	ଚ	ଚ	ଣ	ଘ	ୱ	ଲ	◌ୀ	ଜ	ଥ	ଉ
ଜ	ହ	ଦ	ଜ	ୱ	ଦ	ଜ	ୱ	◌ୀ	ଦ	ଝ	ଶ	ଷ	ଚ

ଆପ୍ରନ୍
ବେଲ୍ଟ
ବ୍ଲାଉଜ୍
ବ୍ରେସଲେଟ୍
କୋଟ୍
ପୋଷାକ
ଫ୍ୟାଶନ୍
ଗ୍ଲୋଭସ୍
ଟୋପି
ଜ୍ୟାକେଟ୍
ହାର
ପାଜାମା
ପ୍ୟାଣ୍ଟ
ସ୍କାର୍ଫ
ସାର୍ଟ
ଜୋତା
ସ୍କର୍ଟ
ସ୍ୱେଟର

40 - Ethics

ଯ	◌ୁ	କ	◌୍	ତ	◌ି	ଯ	◌ୁ	କ	◌୍	ତ	ଭ	ଅ	ଷ
ଡ	ଞ	ଜ	କ	ଲ	ହ	କ	ତ	◌ି	ନ	◌ୈ	ଟ	◌ୂ	କ
ଚ	ଥ	ପ	ର	◌ୋ	ପ	କ	◌ା	ର	ଅ	ଗ	ଉ	ଙ	ନ
ଚ	ଦ	ଲ	ଆ	ହ	ଘ	ଲ	ବ	ଶ	ଖ	ୱ	ଘ	ଣ	ଜ
ଉ	କ	କ	ଞ	କ	ଷ	ଥ	ତ	ଡ	ଣ	ବ	ଭ	ଷ	ନ
ତ	◌ା	ଟ	ଚ	◌ୋ	◌୍	ଚ	ସ	ଇ	◌୍	◌୍	ଭ	ଆ	ମ
ଧ	◌ୈ	ର	◌୍	ଯ	◌୍	ୟ	◌୍	ଚ	ଡ	ୟ	ଶ	ଘ	◌ା
ୱ	ଙ	ଲ	ଦ	ଉ	ଭ	ଲ	◌ା	ଗ	ତ	କ	ଚ	ଜ	◌୍
କ	ଇ	ଗ	◌ୀ	ଲ	ଜ	ଆ	ବ	ଉ	◌ା	◌୍	ଉ	ୱ	ମ
ମ	◌ା	ନ	ବ	◌ି	କ	ତ	◌ା	ଡ	ଜ	ତ	ଙ	ଉ	ସ
ଚ	ଲ	ଙ	◌ା	ଜ	◌୍	ଞ	◌ା	ନ	ଥ	◌ି	କ	ଣ	ଥ
◌ୀ	ହ	ଚ	◌ା	ଥ	କ	ଞ	ଶ	ଚ	ଚ	ବ	ୱ	ଡ	ଥ
ଞ	ଶ	କ	ଶ	ଆ	ସ	ହ	ଯ	◌ୋ	ଗ	◌ା	ଞ	ଲ	ଚ
ଇ	ଲ	ଥ	ଆ	ଷ	କ	ନ	ଶ	◌୍	ର	ଦ	◌ୀ	ଘ	କ

ପରୋପକାର
ସହଯୋଗ
କୂଟନୈତିକ
ସଚ୍ଚୋଟତା
ମାନବିକତା
ବ୍ୟକ୍ତିବାଦ
ଅଖଣ୍ଡତା
ଆଶାବାଦୀ
ଧୈର୍ଯ୍ୟ
ଦର୍ଶନ
ବାସ୍ତବତା
ଯୁକ୍ତିଯୁକ୍ତ
ସମ୍ମାନଜନକ
ଜ୍ଞାନ

41 - Insects

ଦ	ଅ	ଗ	◌ୀ	ଙ	ଷ	ଣ	ଜ	କ	ଲ	ପ	ଣ	କ	ଡ
ଥ	କ	ଜ	◌ି	ଏ	ନ	ଏ	ଟ	◌ି	◌ା	◌ୋ	ଥ	ଲ	◌୍
ଏ	ପ	◌ି	ଏ	ଚ	ଆ	ଇ	ଡ	◌ି	ର	କ	ଇ	ଟ	ର
ଞ	ଞ	ଇ	ଘ	ୱ	ଚ	ପ	◌ି	ସ	◌୍	◌ା	ୱ	ର	◌ା
ଲ	◌େ	ଡ	◌ି	ବ	◌ି	ଓ	ଜ	◌ି	ଭ	ଘ	ବ	◌୍	ଗ
ଆ	ଜ	ଣ	ଙ	ଡ	ଙ	ଇ	ଜ	ଞ	◌ା	◌ା	◌ି	ମ	ନ
କ	◌ୋ	କ	◌୍	ର	◌ୋ	ଚ	◌୍	।	ମ	ସ	ଟ	◌ି	ଫ
ଫ	◌୍	ଲ	◌ି	ଇ	ଗ	ଦ	ଙ	ଡ	ଶ	ହ	ଲ	ଟ	◌୍
ଦ	ଘ	ଉ	ଆ	ଅ	ଚ	ଉ	◌ୀ	ଆ	◌ା	ପ	◌୍	◌୍	ଲ
ସ	◌ି	ଆ	ଇ	ସ	◌ି	ଏ	ଡ	◌ି	ଏ	ର	ଜ	ଇ	◌ା
ଥ	ଥ	ଉ	ଥ	ଆ	ଡ	◌ି	ପ	◌୍	ମ	◌୍	◌ି	ପ	ଇ
ଥ	ଞ	ଏ	ଲ	ଓ	ସ	◌ି	ୟୁ	◌୍	ଏ	ସ	ଟ	◌ି	◌ି
ପ	◌୍	ର	ଜ	◌ା	ପ	ତ	◌ି	ଣ	ଆ	ଡ	ଜ	ଅ	ବ
ଙ	ଜ	ଣ	ଶ	ଦ	ଜ	ମ	◌ା	ଣ	◌୍	ଟ	◌ି	ସ	◌୍

ପିମ୍ପୁଡି
ଏପିଏଚଆଇଡି
ବିଇ
ବିଟଲ୍
ପ୍ରଜାପତି
ସିଆଇସିଏଡିଏ
କୋକ୍ରୋଚ୍ ।
ଡ୍ରାଗନଫ୍ଲାଇ
ଫ୍ଲି
ଜିଏନଏଟି
ଘାସହପର୍
ଲେଡିବିଓଜି
ଲାର୍ଭା
ଏଲଓସିୟୁଏସଟି
ମାଣ୍ଟିସ୍
ମଶା
ଟର୍ମିଟ୍
ୱାସ୍ପି
ପୋକ

42 - Astronomy

ସ	ଂ	ଯ	ୋ	ଜ	ନ	ା	।	ଥ	ଡ	ଶ	ଉ	ଅ	ଣ
ଅ	ଣ	ଣ	ଡ	ଣ	ଚ	ଙ	ଇ	ଅ	ଗ	ଷ	ଣ	ୀ	ୀ
ଜ	ଷ	ହ	ୱ	ଥ	ଚ	ଆ	ଚ	ନ	୍	ଦ	୍	ର	ଲ
ୀ	ଷ	ର	ୀ	ଚ	ା	ଶ	କ	ା	ା	ହ	ମ	କ	କ
ଉ	ଘ	୍	।	ଟ	୍	ଇ	ଲ	ା	ଟ	େ	ା	ସ	୍
ର	ଲ	ଗ	ଗ	୍	ର	ହ	ଚ	ଆ	ଶ	ି	ା	ର	ଷ
ଅ	କ	୍	ଇ	କ	୍	ୱ	ି	ନ	ୋ	କ	୍	ସ	୍
ଙ	ଜ	େ	କ	ଭ	ଭ	ଉ	ହ	ହ	ହ	ଲ	ଲ	ଲ	ଦ
ଭ	ଜ	ଘ	ଟ	ା	ସ	ୁ	ପ	ର	ନ	ୋ	ଭ	ା	୍
ଅ	ସ	ି	କ	୍	ଲ	ା	ା	ଗ	ଦ	ଘ	ଷ	ବ	ର
ଅ	ବ	ଜ	ର	ଭ	େ	ଟ	ୋ	ର	ୀ	ଞ	ଥ	ୁ	ଗ
ପ	ୃ	ଥ	ି	ବ	ୀ	କ	ସ	ମ	ୋ	ସ	୍	େ	୍
ବ	ି	କ	ି	ର	ଣ	ଣ	ଙ	ଞ	ଡ	ହ	ହ	ନ	ର
ଟ	େ	ଲ	ି	ସ	୍	କ	ୋ	ପ	୍	ଡ	ଚ	ଭ	ହ

କ୍ଷୁଦ୍ରଗ୍ରହ
ମହାକାଶଚାରୀ
ସଂଯୋଜନା।
କସମୋସ୍
ପୃଥିବୀ
ଗ୍ରହଣ
ଇକ୍ୱିନୋକ୍ସ
ଗାଲାକ୍ସି
ଉଲ୍କା
ଚନ୍ଦ୍ର
ନେବୁଲା
ଅବଜରଭେଟୋରୀ
ଗ୍ରହ
ବିକିରଣ
ରକେଟ୍
ସାଟେଲାଇଟ୍।
ଆକାଶ
ସୁପରନୋଭା
ଟେଲିସ୍କୋପ୍
ରାଶି

43 - Health and Wellness #2

ର	କ	ଚ	ଜ	ଝ	ଦ	ଇ	ହ	ସ	ଡ	ଡ	ଚ	ଭ	ର
ଧ	ଡ	ଚ	ଚ	େ	ୀ	ଶ	ଗ	ୁ	ଓ	ଜ	ନ	ି	କ
ା	ମ	ଝ	ା	ଡ	ନ	ଦ	ହ	ଚ	ଚ	ଇ	ଇ	ଟ	୍
ଦ	ି	ଝ	ପ	ା	୍	େ	ଶ	ନ	ଶ	ଲ	ଆ	ା	ତ
୍	ଟ	ଚ	ଆ	କ	ଜ	ଷ	ଟ	ା	ଣ	ଲ	ଉ	ମ	ପ
ର	ୋ	ଗ	ଲ	୍	େ	କ	ତ	ି	୍	କ	ଶ	ି	ୁ
ୁ	ା	ଅ	ର	ତ	ଇ	ସ	ା	ଇ	କ	ୋ	ଭ	ନ	ଷ
ନ	ନ	ଉ	୍	ର	ା	ଶ	ୁ	ଲ	ଙ	୍	ଡ	୍	୍
ୁ	ଆ	ଶ	ଜ	ଖ	ହ	ଙ	ଙ	ସ	ୋ	ଘ	ସ	ଆ	ଟ
ପ	ଡ	ଝ	ି	ା	ଣ	ହ	ଦ	ଭ	୍	ର	ଥ	ଜ	ି
ଣ	ଷ	ଜ	ଣ	ନ	ଘ	ଝ	ଉ	ଘ	ଚ	ଥ	ୀ	ଚ	କ
ଡ	ଟ	୍	ଏ	ା	ଡ	ଲ	ଉ	ଜ	ଦ	ଭ	ଥ	ଡ	ର
ଡ	ି	ହ	ା	ଇ	ଡ	୍	ର	େ	ସ	ନ	୍	କ	ଗ
ଭ	ମ	ା	ଲ	ି	ସ	୍	କ	ର	ନ	୍	ତ	ୁ	ଚ

ଆଲର୍ଜି
ଆନାଟୋମି
ଭୋକ
ରକ୍ତ
କାଲୋରୀ
ଡିହାଇଡ୍ରେସନ୍
ଡାଏଟ୍
ରୋଗ
ଶକ୍ତି
ଜେନେଟିକ୍ସ
ସୁସ୍ଥ
ଡାକ୍ତରଖାନା
ହାଇଜେନ୍
ସୂଚନା
ମାଲିସ୍ କରନ୍ତୁ
ପୁଷ୍ଟିକର
ପୁନରୁଦ୍ଧାର
ଚାପ
ଭିଟାମିନ୍
ଓଜନ

44 - Time

ଜ	ଞ	ଥ	ଦ	ଥ	ଡ	ପ	◌ୂ	ର	◌ୁ	ବ	ର	◌ୂ	ଗ
ଘ	ତ	ଘ	ଣ	◌ୁ	ଟ	◌ା	ଉ	ଅ	ଆ	ଶ	ଅ	ଙ	ତ
ଞ	ଭ	ଷ	◌ୀ	ଣ	ହ	ଆ	ଇ	ଥ	ଣ	ଲ	ୱ	ନ	କ
ହ	◌ା	ଭ	ବ	◌ି	ଷ	◌ୁ	ୟ	ତ	ଉ	ଭ	ହ	ମ	◌ା
ଲ	ର	ଣ	ଦ	ଙ	ଚ	ଆ	ଆ	ଇ	ଜ	ର	କ	◌ା	ଲ
କ	◌ୁ	ୟ	◌ା	ଲ	େ◌	ଣ	◌ୁ	ଡ	ର	ଘ	◌ା	ତ	◌ି
ଡ	ପ	ଷ	ଲ	ଶ	ଅ	ଟ	ଦ	◌ୀ	ବ	◌ୁ	◌ା	ତ	ଶ
ମ	ଧ	◌ୁ	ୟ	◌ା	ହ	◌ୁ	ନ	ହ	ଣ	◌ୀ	ଶ	◌ୁ	◌ି
◌ୀ	ୱ	ର	ଭ	ଞ	ଲ	ନ	◌ି	ସ	ଥ	ଶ	ଦ	◌ୁ	ଜ
ଲ	ଣ	ବ	ଡ	ଚ	ଶ	◌ି	ଦ	ଚ	ପ	ଶ	ହ	ର	ଆ
ଦ	ଶ	ନ	◌ୁ	ଧ	◌ି	◌ି	ଦ	ଉ	ଚ	◌ୁ	ମ	ବ	କ
ଘ	ଶ	ଶ	ଭ	ଦ	ଣ	ମ	ଇ	ଣ	ଗ	◌ୀ	ତ	◌ା	ଥ
ମ	◌ୂ	ହ	◌ୂ	ର	◌ୁ	ତ	◌ୁ	ତ	ଦ	ଚ	ହ	◌ା	ସ
ବ	◌ା	ର	◌ୁ	ଷ	◌ି	କ	ଦ	ଣ	ଥ	କ	ଆ	ଙ	ହ

ବାର୍ଷିକ
ପୂର୍ବରୁ
କ୍ୟାଲେଣ୍ଡର
ଶତାବ୍ଦୀ
ଦିନ
ଦଶନ୍ଧି
ଭବିଷ୍ୟତ
ଘଣ୍ଟା
ମିନିଟ୍
ମୁହୂର୍ତ୍ତ
ମାସ
ପ୍ରଭାତ
ରାତି
ମଧ୍ୟାହ୍ନ
ବର୍ତ୍ତମାନ
ଶୀଘ୍ର
ଆଜି
ସପ୍ତାହ
ବର୍ଷ
ଗତକାଲି

45 - Buildings

ସ	ଉ	ମ	ୟ	ଡ	◌ି	ଟ	◌ା	◌୍	ଷ	ଷ	ହ	ଡ	କ
ଭ	◌ୁ	ଶ	ଡ	ଜ	ଥ	ଇ	◌ା	ଭ	ଞ	◌ୀ	◌ୋ	ଘ	ଘ
ମ	ଫ	ପ	ଗ	◌ା	ଙ	◌ୀ	ଥ	ୱ	ଞ	ଇ	ଟ	ଷ	ଲ
◌୍	◌ା	ଶ	ର	ଦ	କ	ଶ	ଘ	ମ	◌ା	ନ	◌େ	◌ି	ସ
ୟ	ର	ଞ	ଥ	ମ	ଘ	◌୍	ଲ	ଇ	କ	ର	ଲ	କ	ଅ
◌ୁ	◌୍	ଖ	ଲ	◌ା	◌ା	ହ	ତ	ହ	ଷ	◌୍	ଟ	◌େ	ଲ
ଜ	ମ	ଞ	ଙ	ଡ	ଲ	ର	ଡ	ର	ଥ	◌ି	ଏ	ଟ	ର
◌ି	ତ	ମ	◌୍	ବ	◌ୁ	ଅ	◌୍	ଙ	ଖ	◌ୀ	ଙ	ଆ	ଉ
ୟ	ହ	ନ	ବ	◌ି	ୟ	◌ା	◌୍	କ	ଲ	◌ା	ଷ	ହ	ଇ
ମ	କ	◌ା	ର	ଖ	◌ା	ନ	◌ା	କ	◌େ	ଶ	ନ	ଞ	ଥ
◌୍	ବ	◌ି	ଦ	◌୍	ୟ	◌ା	ଲ	ୟ	ଡ	ଟ	ଆ	◌ା	ଭ
ଉ	ୱ	ଅ	ଦ	◌ୂ	ତ	◌ା	ବ	◌ା	ସ	ଷ	ଗ	ଉ	ଅ
ଅ	ବ	ଜ	ର	ଭ	◌େ	ଟ	◌ୋ	ର	◌ୀ	ଞ	◌ୀ	ଅ	ଉ
ଇ	କ	ଉ	ଆ	ଲ	◌ା	ବ	◌ୋ	ର	◌େ	ଟ	◌ୋ	ର	◌ୀ

ଖଲା
କ୍ୟାବିନ
ସିନେମା
ଦୂତାବାସ
କାରଖାନା
ଫାର୍ମ
ଡାକ୍ତରଖାନା
ହଷ୍ଟେଲ
ହୋଟେଲ
ଲାବୋରେଟୋରୀ
ମ୍ୟୁଜିୟମ୍
ଅବଜରଭେଟୋରୀ
ବିଦ୍ୟାଲୟ
ଷ୍ଟାଡିୟମ
ସୁପରମାର୍କେଟ
ତମ୍ବୁ
ଥିଏଟର
ଟାୱାର

46 - Philanthropy

ଯ	ଗ	ଲ	କ	ହ	ଭ	ଇ	ଉ	ଗ	ଆ	ଇ	ପ	ଦ	ଲ
ଷ	◌ୋ	◌୍	ଣ	ଇ	ଡ	ଦ	ଦ	ଚ	ବ	ତ	◌ି	ହ	କ
ଷ	ହ	ଗ	ଲ	ଞ	ଅ	ଥ	◌ା	ଜ	ଶ	◌ି	ଲ	ଷ	◌୍
ଉ	ଗ	ଆ	◌ା	◌ୋ	ଆ	ଉ	ର	ଅ	◌୍	ହ	◌ା	ତ	ଷ
ଆ	କ	ଦ	ଡ	ଯ	ବ	ଣ	ତ	ଗ	ୟ	◌ା	ମ	◌ା	◌୍
ଙ	ଲ	ଜ	ଆ	ଙ	◌ୋ	◌ା	◌ା	ଭ	କ	ସ	◌ା	କ	ୟ
ଦ	ଭ	ଆ	◌ୀ	ଙ	ଚ	ଗ	ଲ	ଭ	ତ	କ	ନ	ବ	ଗ
ଙ	ଇ	ଥ	ଙ	ଙ	ଜ	ଶ	।	◌୍	◌ା	ହ	◌େ	◌ି	◌ୁ
ଗ	◌ୋ	ଷ	◌୍	ଠ	◌ୀ	ଗ	◌ୁ	ଡ	◌ି	କ	ଘ	ନ	ଡ
ଥ	ଞ	ଶ	ଲ	ଭ	ସ	ଚ	◌୍	ଚ	◌ୋ	ଟ	ତ	◌ା	◌ି
ସ	ମ	◌୍	ପ	◌୍	ର	ଦ	◌ା	ୟ	ଚ	ମ	ଉ	ମ	କ
ଫ	◌ା	ଇ	ନ	◌ା	ନ	◌୍	ସ	ଘ	ଡ	ଉ	◌ି	ଅ	ହ
ପ	◌୍	ର	◌ୋ	ଗ	◌୍	ର	◌ା	ମ	◌୍	ଷ	ହ	ଶ	ଞ
ଲ	◌ୋ	କ	ମ	◌ା	ନ	◌େ	ଘ	ଷ	ଦ	ଞ	ଅ	ଘ	ନ

ପିଲାମାନେ
ସମ୍ପ୍ରଦାୟ
ଯୋଗାଯୋଗ।
ଫାଇନାନ୍ସ
ଉଦାରତା
ଗ୍ଲୋବାଲ୍
ଲକ୍ଷ୍ୟଗୁଡିକ
ଗୋଷ୍ଠୀଗୁଡିକ
ଇତିହାସ
ସଚ୍ଚୋଟତା
ମାନବିକତା
ମିଶନ
ଆବଶ୍ୟକତା
ଲୋକମାନେ
ପ୍ରୋଗ୍ରାମ୍

47 - Herbalism

ର	◌ୋ	ଜ	ମ	◌େ	ର	◌ୀ	ସ	ଉ	ଆ	ଅ	କ	ଅ	ଝ
ଇ	ଉ	ଉ	ଜ	ଇ	ତ	ଜ	◌ୁ	ଦ	ଝ	ଅ	ଉ	ଘ	ଆ
ଜ	ଭ	ଉ	ଥ	ଶ	ଦ	ଥ	ଗ	◌୍	ଭ	ଅ	ଙ	ଦ	ଝ
ବ	◌ା	ସ	◌ି	ଲ	◌ୀ	ଥ	ନ	ଭ	◌ୀ	ଆ	ମ	ସ	ହ
ଥ	ଷ	ୱ	କ	ଙ	ଉ	ଇ	◌୍	◌ି	ନ	ହ	ର	◌ୋ	ସ
ଜ	ଜ	ଙ	ଣ	ଚ	ଙ	ଷ	ଧ	ଦ	◌୍	ଥ	◌ା	ନ	◌୍
ଓ	ଉ	ସ	ବ	◌ୁ	ଜ	◌େ	◌ି	ବ	ଗ	ଲ	ଜ	◌େ	ୱ
ର	ଗ	ର	ଷ	ଇ	ସ	◌ୋ	ତ	ଗ	◌ୋ	◌େ	◌ୋ	ଲ	◌ା
◌େ	ଶ	◌ୀ	ଫ	◌ୁ	ଲ	ର	ଆ	◌ି	ର	ସ	ର	◌୍	ଦ
ଗ	ଉ	କ	ଘ	ଗ	ଥ	ଗ	ୱ	ଚ	◌ା	ର	◌୍	◌ୁ	ଅ
◌ା	ଲ	◌ା	ଭ	ଦ	◌ା	ୟ	କ	◌ା	◌ା	◌୍	◌ା	ଇ	ଆ
ନ	ହ	ଭ	ପ	◌ୁ	ଦ	◌ି	ନ	◌ା	ଟ	◌ା	ମ	ଘ	ଉ
◌ୋ	ଶ	◌ା	ଆ	ଚ	ଭ	ନ	ଦ	◌ା	◌ା	ପ	ଉ	ଜ	ଗ
ଚ	ଆ	ଲ	ଜ	ଙ	ଜ	ଅ	◌ୀ	ଜ	ୱ	ଉ	ଦ	ଇ	ଣ

ସୁଗନ୍ଧିତ
ବାସିଲ
ଲାଭଦାୟକ
ରୋଷେଇ
ସୋନେଲ୍
ସ୍ୱାଦ
ଫୁଲ
ବଗିଚା
ରସୁଣ
ସବୁଜ
ଉପାଦାନ
ଲାଭକାରୀ
ମାର୍ଜୋରାମ
ପୁଦିନା
ଓରେଗାନୋ
ପାର୍ସଲେ
ଉଦ୍ଭିଦ
ରୋଜମେରୀ
ଗେରୁଆ
ଟାରାଗୋନ୍

48 - Vehicles

ର	ଉ	ଟ	ବ	ଜ	ଥ	ଭ	ଅ	ଲ	ଉ	କ	ଟ	ଜ	◌ୀ
◌ୌ	କ	ଓ	◌ା	◌ୁ	ଶ	ଷ	ହ	ଙ	ଭ	◌ା	◌୍	ସ	ବ
ଟ	ର	◌େ	ଅ	ୟ	ଡ	◌ୀ	ଲ	ଆ	◌ୀ	ର	ର	ଙ	ହ
◌୍	◌୍	ର	ଟ	ନ	◌ା	◌	ଣ	ଭ	ଚ	◌୍	◌ା	ଙ	◌େ
◌େ	ଟ	ଟ	ଫ	◌୍	◌ା	ର	◌ା	ଆ	ଓ	ଷ	କ	ଡ	ଲ
ମ	ଷ	◌ୌ	ଆ	ଜ	ଣ	ଟ	ଙ	ଜ	ଇ	◌ୀ	◌୍	ଉ	◌ି
ଷ	ଦ	ମ	ଡ	◌ି	ଲ	କ	◌େ	ଇ	◌ା	ସ	ଟ	ଇ	କ
ଘ	◌ୀ	ଜ	ଲ	◌୍	ଓ	◌ୁ	କ	ଉ	ଶ	ହ	ର	ଥ	ପ
ଅ	ଅ	ଷ	ଷ	ଞ	ନ	◌୍	ଭ	◌ା	ର	◌ା	◌ା	କ	◌୍
ଚ	କ	ଆ	ଞ	ଇ	ଓ	ସ	ଉ	ଗ	ଞ	ଡ	ଣ	ଜ	ଟ
ହ	ଅ	ଥ	ଷ	ଥ	ଚ	ଥ	◌ୀ	ଆ	ଦ	ଡ	ଥ	ଚ	ର
ଆ	ମ	◌୍	ବ	◌ୁ	ଲ	◌ା	ନ	◌୍	ସ	ଫ	◌େ	ର	◌ୀ
ଉ	ଡ	◌	◌ା	ଜ	◌ା	ହ	◌ା	ଜ	ଞ	ଗ	ଣ	ଥ	ଭ
ଟ	◌୍	ୟ	◌ା	କ	◌୍	ସ	◌ି	ଅ	ଭ	ଉ	ହ	ଉ	ଓ

ଉଡ଼ାଜାହାଜ
ଆମ୍ବୁଲାନ୍ସ
ସାଇକେଲ
ବସ୍
କାର୍
କାରାଭାନ୍
ଇଞ୍ଜିନ୍
ଫେରୀ
ହେଲିକପ୍ଟର
ମୋଟର
ରାଫ୍ଟ
ରକେଟ୍
ସ୍କୁଟର
ବୁଡ଼ାଜାହାଜ
ମେଟ୍ରୋ
ଟ୍ୟାକ୍ସି
ଟାୟାର
ଟ୍ରାକ୍ଟର
ଟ୍ରକ

49 - Flowers

ମ	ଗ	ଆ	ଶ	ଅ	ଅ	ଞ	ଲ	ଆ	ପ	ଞ	ହ	ଲ	ଅ
କ	◌ା	ଡ	ଘ	ଚ	ଲ	ହ	।	ଲ	◌୍	ଟ	◌ା	େ◌	ପ
ଜ	ଭ	ଗ	ର	◌ୀ	କ	◌ା	ଭ	◌ା	ଲ	ଔ	ଷ	ଅ	ଇ
ଭ	ଚ	ଡ	◌୍	କ	◌ି	◌୍	ର	ଅ	◌ୁ	ଗ	ଡ	ଚ	ଭ
ଦ	କ	ଥ	ଞ	ନ	ଣ	ଙ	ଦ	ଞ	ମ	ଙ	ହ	◌ୀ	ଅ
ବ	ଗ	◌ି	ଚ	◌ା	ୖ◌।	ଉ	କ	ଞ	େ◌	ଶ	ଜ	ଘ	ଞ
ଞ	କ	ଡ	ଡ	ଔ	ହ	ଲ	ଦ	ଥ	ର	ଗ	ଔ	ଇ	ଔ
ଜ	ସ	◌୍	ମ	◌ି	ନ	◌୍	◌ି	ଅ	◌ି	ଚ	ଚ	ଔ	ଜ
ଡ	◌ା	ତ	ୖ◌।	ଲ	◌ୁ	ଫ	ଜ	ଆ	ଆ	ହ	ଉ	ଘ	ଭ
ଔ	େ◌	ଇ	ଆ	ଘ	ଆ	ଘ	ଣ	ଣ	।	ଣ	ଭ	ଚ	ଇ
ଆ	ଷ	ଜ	ସ	◌ୁ	ର	◌୍	ଯ	◌୍	ୟ	ମ	◌ୁ	ଖ	◌ୀ
ଆ	ଥ	ଚ	◌ି	ସ	ଏ	ଲ	ଏ	ଇ	ଆ	ଲ	ଏ	ଷ	ଥ
ଗ	ଅ	ଗ	ଉ	ପ	କ	◌୍	ଲ	ୖ◌।	ଭ	ର	ଅ	ଆ	ଇ
ଜ	ଶ	ଶ	◌ୀ	ଆ	ପ	ଟ	◌୍	ୟ	◌ୁ	ଲ	◌ି	ପ	◌୍

ଫୁଲତୋଡା
କ୍ଲୋଭର
ଡେଜି
ବଗିଚା
ଜସ୍ମିନ୍
ଲାଭକାରୀ
ଏଲଆଇଏଲଏସି
ମାଗ୍ନୋଲିଆ।
ଅର୍କିଡ୍
ପେଟାଲ୍।
ପ୍ଲୁମେରିଆ
ପପି
ସୂର୍ଯ୍ୟମୁଖୀ
ଟ୍ୟୁଲିପ୍

50 - Health and Wellness #1

ଫ	ଥ	ଙ	ଗ	ଜ	ଷ	ଆ	ଣ	ଇ	ଶ	ଉ	ଘ	ଲ	ର
ମ	◌ା	ୟ	ହ	ଶ	◌ୀ	ଷ	ଆ	ଘ	ଙ	ଚ	ଶ	ଅ	◌ି
◌ା	ଭ	ର	ଆ	◌ୀ	ଦ	ବ	ର	ତ	କ	◌୍	◌ା	ଡ	ଫ
◌ଂ	ଗ	◌ି	◌୍	ଇ	ଘ	ଣ	◌ା	ଗ	ହ	ଚ	ହ	ଞ	◌୍
ସ	ଜ	◌୍	କ	ମ	କ	ଶ	ଚ	ଣ	ଅ	ତ	ଜ	କ	ଲ
ପ	ଚ	କ	ଲ	କ	◌ା	ଚ	ଥ	◌ୀ	◌ୁ	◌ା	ଥ	କ	େ◌
େ◌	ଚ	ସ	◌ୀ	ଆ	ହ	ସ	ଥ	େ◌	ର	◌ା	ପ	◌ି	କ
ଶ	ଘ	ଡ	ଞ	ଶ	ଉ	ଅ	◌ି	ଥ	ଞ	ୱ	ଥ	ଶ	◌୍
◌ୀ	କ	◌୍	ଲ	◌ି	ନ	◌ି	କ	◌୍	ଗ	ଡ	ଗ	କ	ସ
ଚ	ହ	ର	◌୍	ମ	◌ୋ	ନ	◌୍	ସ	ଇ	ଶ	ଚ	ଅ	ଦ
ଶ	ଶ	ଡ	ଶ	◌୍	ଚ	◌ି	କ	◌ି	ତ	◌୍	ସ	◌ା	ଭ
ଲ	ଇ	ଆ	ଘ	ର	◌୍	ଚ	କ	ର	◌ା	◌୍	ଫ	ଇ	ଶ
ଞ	ଙ	ଥ	ଣ	ଚ	ହ	ୱ	ଭ	◌ା	ଇ	ର	ସ	◌୍	ଷ
ଉ	ଜ	ଉ	ଶ	ହ	ଅ	ଭ	◌୍	ୟ	◌ା	ସ	ଇ	ଙ	ଗ

ସକ୍ରିୟ
ଜୀବାଣୁ
କ୍ଲିନିକ୍
ଡାକ୍ତର
ଫ୍ରାକଚର୍
ଅଭ୍ୟାସ
ଉଚ୍ଚତା
ହର୍ମୋନ୍ସ
ମାଂସପେଶୀ
ଫାର୍ମାସି
ରିଫ୍ଲେକ୍ସ
ଚର୍ମ
ଥେରାପି
ଚିକିତ୍ସା
ଭାଇରସ୍

51 - Town

କ	ର	ଞ	ଫ	ମ	ୟ	ଡ	ି	ଟ	ା	୍	ଷ	ଶ	ଜ
ଭ	େ	ସ	୍	ା	ୁ	ଚ	ଙ	ଲ	ଗ	ଗ	ଆ	ଙ	ଣ
ଶ	ଷ	ୁ	ଲ	ନ	ନ	ଞ	ଙ	ଙ	ଦ	ଅ	ଶ	ଆ	ଗ
ଅ	୍	ପ	ୋ	େ	ି	ବ	୍	ୟ	ା	ଙ	୍	କ	ବ
ଜ	ଟ	ର	ର	ି	ଭ	ଞ	କ	ଙ	ହ	ଙ	ଆ	କ	ି
ଣ	ୁ	ମ	ି	ସ	ର	ା	ଜ	ବ	ଉ	ଜ	ଶ	ଖ	ଦ
ଗ	ର	ା	ଷ	କ	୍	ନ	ି	ଲ	ି	୍	କ	କ	୍
୍	ା	ର	୍	ଗ	ସ	ି	ମ	ା	ର	୍	ା	ଫ	ୟ
ୟ	ଣ	୍	ଟ	ଦ	ି	ଶ	ଷ	କ	ଖ	ଗ	ଞ	ଅ	ା
ା	୍	କ	ଆ	ଏ	ଟ	ହ	ୋ	ଟ	େ	ଲ	କ	କ	ଲ
ଲ	ଟ	େ	ଦ	ଅ	ି	ବ	େ	କ	େ	ର	ୀ	ଗ	ୟ
େ	ଞ	ଟ	ଡ	ଶ	ଙ	ଥ	ଅ	ଖ	ଭ	ଭ	ହ	ଖ	ଲ
ର	ୀ	ର	େ	ବ	୍	ଇ	ା	ଲ	ଖ	କ	ଙ	ଇ	ଘ
ୀ	ବ	ି	ମ	ା	ନ	ବ	ନ	୍	ଦ	ର	ଙ	ଗ	ଥ

ବିମାନବନ୍ଦର
ବେକେରୀ
ବ୍ୟାଙ୍କ
ସିନେମା
କ୍ଲିନିକ୍
ଫ୍ଲୋରିଷ୍ଟ
ଗ୍ୟାଲେରୀ
ହୋଟେଲ
ଲାଇବ୍ରେରୀ
ବଜାର
ଫାର୍ମାସି
ରେଷ୍ଟୁରାଣ୍ଟ
ବିଦ୍ୟାଳୟ
ଷ୍ଟାଡିୟମ
ସୁପରମାର୍କେଟ
ଥିଏଟର
ୟୁନିଭର୍ସିଟି

52 - Antarctica

କ	ଞ	ଞ	ଶ	ଷ	ଆ	ଭ	ଦ	ଶ	ଥ	ଡ	ଞ	ଥ	ଭ
ର	କ	◌ି	ଦ	ଅ	ଞ	◌ୁ	ଉ	ପ	ଦ	◌୍	ୱ	◌ୀ	ପ
ଅ	ଣ	କ	ଡ	ଭ	ଣ	ଗ	ଶ	ଅ	ଆ	ଷ	ଘ	ଘ	ଇ
ଆ	ଷ	ଦ	ଆ	ଜ	ଶ	◌ୋ	ଣ	ଶ	ଦ	ଟ	ହ	ଜ	ଜ
ଗ	କ	ଷ	◌େ	ବ	ଗ	ଳ	◌ୀ	ଙ	◌୍	ପ	ଘ	ଗ	ଥ
ଗ	◌୍	ଲ	◌େ	ସ	◌ି	ୟ	ର	ଗ	ୱ	◌ୋ	ପ	ଜ	ଡ
ଘ	ର	ଇ	ମ	ହ	◌ା	ଦ	◌େ	ଶ	◌ୀ	ଗ	◌େ	ଥ	ଳ
ଭ	◌ଂ	ବ	◌ି	ସ	◌୍	ତ	◌ା	ର	ପ	◌୍	ଙ	ଆ	ଣ
ଡ	ସ	ଞ	ଉ	ସ	ଆ	ଉ	ଣ	ଦ	ପ	ର	◌୍	ଶ	ଉ
ୱ	ଦ	ଇ	ଥ	ଦ	ଇ	ୱ	ଶ	ଭ	◌ୂ	◌ା	ଗ	ବ	◌େ
ଇ	ଚ	ହ	ଶ	ଘ	ଙ	ଆ	ଆ	ଉ	ଞ	ଫ	◌ୁ	◌େ	ଦ
ବ	◌ି	ଜ	◌୍	ଞ	◌ା	ନ	।	ଇ	◌୍	◌ି	ଇ	◌ି	ଜ
ତ	◌ା	ପ	ମ	◌ା	ତ	◌୍	ର	◌ା	ଜ	।	ନ	ର	ଇ
ସ	◌୍	ଥ	◌ା	ନ	◌ା	ନ	◌୍	ତ	ର	ଣ	◌୍	ପ	ଦ

ବେ
ସଂରକ୍ଷଣ
ମହାଦେଶ
ପରିବେଶ
ବିସ୍ତାର
ଭୂଗୋଳ
ଗ୍ଲେସିୟର
ଆଇସିଇ
ଦ୍ୱୀପପୁଞ୍ଜ
ସ୍ଥାନାନ୍ତରଣ
ପେଙ୍ଗୁଇନ୍
ଉପଦ୍ୱୀପ
ଗବେଷକ
ରକି
ବିଜ୍ଞାନ।
ତାପମାତ୍ରା
ଟପୋଗ୍ରାଫି।
ଜଳ

53 - Ballet

ମ	କ	ଭ	ଥ	ଣ	ଅ	ଷ	ଡ	ଣ	ଶ	ଜ	ହ	ଅ	ଡ
◌୍	ୌ	◌ା	ଡ	ଣ	ଇ	ଦ	ଘ	ଉ	କ	ଔ	ବ	ଦ	ଦ
ୟ	ଶ	ବ	ଜ	ଅ	ଉ	ଲ	କ	ମ	ତ	◌୍	◌ା	ଳ	କ
◌୍	ଳ	ପ	ତ	◌ୀ	ବ	◌୍	ର	ତ	◌ା	ଔ	ଲ	◌ୀ	ଞ
ଜ	ଲ	◌୍	ସ	◌ା	ର	◌୍	ହ	◌ି	ର	ଘ	େ◌	େ◌	ଙ
◌ି	ଣ	ର	ଜ	ପ	ୋ	◌୍	ମ	କ	ଶ	ଜ	ର	ଶ	ଞ
କ	ଙ	ବ	ଫ	◌ି	ର	◌ା	ଗ	◌୍	ଓ	ର	◌ି	ୋ	କ
◌୍	ଙ	ଣ	ଜ	େ◌	ଶ	◌୍	ଚ	ର	◌୍	ଣ	ନ	◌ୀ	ଶ
।	ଦ	ଉ	ଶ	ଉ	ଶ	◌ୀ	ପ	େ◌	ସ	◌ଂ	◌ା	ମ	◌୍
ଅ	ର	◌୍	କ	େ◌	ଷ	◌୍	ଟ	◌୍	ର	◌ା	ଞ	ଆ	ର
ନ	◌	ତ	◌୍	ୟ	ଶ	◌ି	ଳ	◌୍	ପ	◌ୀ	ଞ	ଔ	ଦ
ଡ	ଭ	ଘ	ଥ	ଶ	ହ	ଥ	ଲ	ଅ	ଶ	ଅ	ଙ	ଉ	ଗ
ଆ	ଲ	ଣ	ଲ	ଞ	ଡ	ଷ	ଇ	ଣ	ଶ	ଗ	ଡ	ଇ	ଶ
ଅ	◌ୀ	ଭ	ହ	ଲ	ଙ	ଦ	ଗ	ଥ	ତ	◌ା	ଳ	ଙ	ଉ

କଳାତ୍ମକ
ଦର୍ଶକ
ବାଲେରିନା
କୋରିଓଗ୍ରାଫି
କମ୍ପୋଜର
ନୃତ୍ୟଶିଳ୍ପୀ
ଭାବପ୍ରବଣ
ଜେଶ୍ଚର୍
ତୀବ୍ରତା
ମାଂସପେଶୀ
ମ୍ୟୁଜିକ୍ ।
ଅର୍କେଷ୍ଟ୍ରା
ରିହର୍ସାଲ୍
ତାଳ
ଶୈଳୀ
କୌଶଳ

54 - Human Body

ଡ	ଜ	ଭ	ଚ	ହ	ଶ	ଡ	ଅ	ଡ	ଭ	ଗ	ଆ	ଘ	ଞ
ଆ	ୱ	କ	ଡ	ଜ	ଗ	ଚ	ଗ	ଇ	ଥ	ଭ	ଥ	ଜ	ୀ
କ	ଙ	ଷ	ଦ	ଭ	ଜ	ଭ	ଇ	ଆ	ଗ	ଡ	ଜ	ଡ	ଜ
ଞ	ଣ	ଗ	ଶ	ଞ	ଘ	ଚ	ୀ	ଅ	ଉ	ଜ	ୀ	ଇ	ଣ
ହ	ଗ	ଡ	ୋ	ଗ	ଚ	ର	ୁ	ମ	ଇ	ୱ	ଜ	ଇ	ୀ
◌	ଆ	ଅ	ଡ	ଇ	କ	ଲ	ମ	ୁ	ଖ	ମ	ଭ	ତ	ଆ
ଦ	ଚ	ଡ	ଅ	ଥ	ଠ	ଙ	ଙ	ଥ	ଷ	ହ	ୁ	ା	ଞ
ୟ	ଭ	ୀ	ଗ	ଆ	ଡ	◌´	ୋ	ଥ	ଙ	ନ	ୁ	ହ	ଜ
ଆ	ଙ	ୁ	ଗ	ୁ	ଠ	◌´	ଷ	ଶ	ଡ	ଉ	ଅ	ଚ	◌
ଆ	ଷ	ଙ	ଷ	ଲ	ଞ	ୱ	ୀ	ଡ	ଣ	ୀ	ୁ	ହ	କ
ଣ	ଓ	ଠ	ମ	ସ	ୁ	ତ	◌´	ଷ	ୁ	କ	ା	ନ	ା
ୁ	ୱ	ଆ	ଉ	ଚ	ଜ	ବ	ଙ	ଉ	ଙ	ୱ	ଜ	ୀ	ନ
ଠ	ଶ	ର	କ	ୁ	ତ	ୱ	େ	ମ	ୁ	ଣ	ୁ	ଡ	ୁ
ୁ	ଘ	ଣ	ଡ	ଉ	ଚ	ନ	ା	କ	ଅ	ଆ	ୀ	ଞ	ଧ

ଗୋଇଠି
ରକ୍ତ
ମସ୍ତିଷ୍କ
ଥୋଡି
କାନ
କହୁଣୀ
ମୁହ
ଆଙ୍ଗୁଠି
ହାତ
ମୁଣ୍ଡ
ହୃଦୟ
ଜିହ୍ୱା
ଆଣ୍ଠୁ
ଗୋଡ
ଓଠ
ମୁଖ
ବେକ
ନାକ
କାନ୍ଧ
ଚର୍ମ

55 - Musical Instruments

ଟ	◌୍	ପ	◌େ	ମ	◌୍	ର	◌୍	ଟ	ଗ	◌ି	ଟ	◌ା	ର
◌୍	ସ	◌ା	କ	◌୍	ସ	◌ୋ	ଫ	◌ୋ	ନ	◌୍	ହ	ଘ	ଥ
ର	◌ୀ	ଞ	ଡ	ସ	ଡ	ଥ	କ	ଓ	ଇ	ଶ	◌ୀ	◌ଂ	ବ
ମ	ହ	ଆ	ଚ	◌େ	ଅ	◌ୀ	ଆ	ଇ	ବ	ଣ	ହ	ଗ	◌ା
◌୍	ହ	ଚ	କ	ଲ	ଙ	ଡ	ଉ	ଇ	ମ	◌ି	ୱ	ଲ	ସ
ବ	ହ	ଜ	ଡ	◌ୋ	ଉ	ଆ	ଇ	ଗ	◌ା	ଗ	ଓ	ଚ	◌୍
◌ୋ	ଅ	ଞ	ଦ	ଭ	ହ	ଆ	ଡ	ଞ	ର	◌ୋ	ଭ	ଇ	ନ
ନ	◌୍	ଲ	◌ି	ଡ	◌ୋ	◌୍	ଣ	ମ	◌ି	ଙ	◌ା	ଉ	◌୍
◌୍	◌ୋ	ଷ	ଘ	ଣ	ଥ	ହ	ଶ	ବ	ଏ	◌୍	ୟ	ଉ	ଣ
ଶ	ଗ	ଆ	ଘ	ଙ	ଭ	ଡ	ଘ	◌ା	ମ	ଗ	◌ୋ	ଣ	ଆ
ଞ	ଉ	ଡ	◌ି	ଷ	ଞ	ହ	ୱ	ଞ	ବ	ଚ	ଲ	◌ୀ	ଜ
ଉ	ଣ	ଙ	◌ୀ	ପ	ଘ	ଡ	ଣ	◌୍	◌ି	ଡ	◌ି	ଆ	ଆ
ଭ	ଙ	ଇ	ହ	◌ା	ର	◌୍	ପ	ଜ	ଏ	ଣ	ନ	ଶ	କ
ଚ	ଚ	ହ	◌ୀ	ୱ	ଷ	ଶ	ଘ	◌ୋ	ଜ	ଅ	◌୍	ୱ	ଡ

ବାଞ୍ଜୋ
ବାସୁନ୍
ସେଲୋ
ବଂଶୀ
ଗୋଙ୍ଗ
ଗିଟାର
ହାର୍ପ
ମଣ୍ଡୋଲିନ୍
ମାରିଏମବିଏ
ଓବିଓଇ
ପିଆନୋ
ସାକ୍ସୋଫୋନ୍
ଟ୍ରମ୍ବୋନ୍
ଟ୍ରମ୍ପେଟ୍
ଭାୟୋଲିନ୍

56 - Cooking Tools

ଣ	ଉ	ହ	ଫ	ଆ	ଦ	ଚ	ହ	ଚ	ର	ଣ	ଗ	ହ	ଷ
ଚ	ଲ	ଥ	ର	କ	େ	ଟ	ଲ	ି	େ	ଖ	ଗ	ଙ	ଙ
ି	ା	ନ	୍	େ	ଭ	ଓ	ଞ	ଇ	ଫ	ୀ	ଘ	ଉ	ଞ
ି	ଟ	ମ	କ	ଇ	ୀ	ଥ	ଡ	କ	୍	ଣ	ଉ	ଖ	ଙ
ଇ	ୁ	ଖ	ଚ	ଭ	ଖ	ଜ	ଇ	ଦ	ର	ଶ	ଘ	ଲ	ଷ
କ	ପ	ଗ	୍	ର	ା	ଟ	ର	ଆ	ି	ଦ	ଡ	ଗ	ଜ
ଷ	ା	ଷ	ଡ	ୀ	ଥ	ଦ	ୀ	ଣ	ଜ	ହ	ଶ	ଷ	ଭ
କ	୍	ଞ	୍	ଙ	ଲ	ଜ	େ	ଗ	ର	ଚ	ଖ	ଭ	ଆ
୍	ସ	ଇ	ଞ	ଟ	ଇ	କ	ଲ	ଜ	େ	ଉ	ଦ	ଜ	ଣ
ଶ	ଇ	ଇ	ଣ	ଣ	ୋ	ଡ	ଟ	ଉ	ଟ	ଅ	ଙ	ଇ	ଅ
ି	ଇ	ଆ	ୀ	ଦ	କ	ଭ	କ	ଡ	ର	ଛ	ୁ	ର	ୀ
ର	ର	ଟ	ମ	ି	ମ	ୋ	୍	ର	ଥ	ଭ	ଇ	ଘ	ଖ
୍	ଞ	ଣ	ଘ	ଭ	ଡ	ଘ	ଇ	ଇ	ଡ	ଇ	ହ	ଙ	ଞ
ପ	ଢ	ା	ଙ	୍	କ	ୁ	ଣ	ୀ	ଞ	କ	ଣ	ଇ	ଦ

କଟଲେରୀ
ଫର୍କ
ଗ୍ରାଟର
କେଟଲି
ଛୁରୀ
ଢାଙ୍କୁଣୀ
ଓଭେନ୍
ରେଫ୍ରିଜରେଟର
କଇଁଚି
ସ୍ପାଟୁଲା
ଚାମଚ
ଷ୍ଟୋଭ୍
ପ୍ରଶିକ୍ଷକ
ଥର୍ମୋମିଟର

57 - Fruit

ଚ	ଭ	ଶ	ଆ	ଦ	ଡ	ଅ	ଘ	ଭ	ର	ଗ	ଘ	ଗ	ଅ
କ୍ଷ	ଭ	ଙ	ଶ	ଇ	ଞ	ଘ	କ	ଘ	◌ୀ	ଗ	ଡ	ଦ	ଣ
ୟ	ହ	ବ	ଣ	ନ	ଜ	ଞ	ଥ	ହ	ବ	ଡ	ଲ	ଅ	ସ
◌ା	ଦ	ଣ	◌ୃ	◌ୃ	ବ	◌ି	ର	◌ି	େ◌	।	ହ	ଆ	ର
ପ	◌ି	ଚ	◌ୃ	ଲ	ପ	ଆ	ଲ	ଅ	ସ	ଗ	ଞ	ୱ	ଅ
◌ା	ଙ	ଟ	ଙ	◌ୌ	◌ା	ଡ	◌ୌ	କ	◌ା	◌ୌ	ଭ	ଆ	ଙ
◌ା	ଇ	◌ୃ	ଦ	େ◌	ଳ	କ	ଲ	ଥ	ର	ଙ	ଇ	ଥ	◌ୃ
ପ	ଦ	କ	ୱ	ମ	ମ	ଙ	ବ	◌ୁ	ମ	◌ୃ	େ◌	ଲ	ଗ
ଘ	ୱ	◌ୌ	ଡ	ଗ	କ	ଲ	ଞ	େ◌	ଚ	◌ା	ଗ	ଲ	◌ୁ
ଚ	େ◌	ର	◌ୀ	କ	◌ି	ୱ	◌ି	କ୍ଷ	ର	ମ	ଥ	ଅ	ର
ଥ	ଶ	◌ି	କ୍ଷ	ଗ	◌ୁ	ଆ	ଭ	◌ା	।	◌ୀ	ଡ	ଶ	ୱ
ଥ	ଭ	◌ୃ	ଅ	ବ	◌ା	ନ	◌ା	ଗ	ଅ	ମ	◌	ତ	ଶ
ତ	◌ି	ପ	◌ା	ସ	◌ା	ନ	ଥ	ଡ	ଘ	କ	କ୍ଷ	ଦ	ଇ
ଘ	ଦ	ଆ	ଦ	ଡ	ଭ	ଉ	ଣ	ଶ	ଭ	ଜ	ଅ	ଣ	ଇ

ଆପଲ୍
ଆପ୍ରିକୋଟ୍
ଆଭୋକାଡୋ
ବାନା
ବିରି
ବ୍ଲାକବେରୀ
ଚେରୀ
ଅଙ୍ଗୁର
ଗୁଆଭା।
କିୱି
ଲେମ୍ବୁ
ମାଙ୍ଗୋ।
ମେଲୋନ୍
ଅମୃତ
କମଳା
ପାପାୟା
ପିଚ୍
ନାସପାତି
ଅଣସର
ରାସବେରୀ

58 - Engineering

ଗ	ଗ	ବ	ହ	ଥ	ଗ	ଡ	◌ି	ଜ	◌େ	ଲ	ତ	ଅ	ଜ
ଭ	ଭ	◌ି	◌୍	ଥ	ହ	ଙ	ଭ	ଲ	ଲ	ଚ	◌ା	◌ୀ	ଝ
ହ	କ	◌ୀ	ୟ	ୟ	ଡ	ଝ	ଲ	ଷ	ଙ	ଚ	ର	ହ	ଘ
ଗ	ଦ	ଲ	ର	ର	◌ା	ଅ	ହ	ଆ	ଡ	ଝ	ଥ	ଝ	ଜ
ଗ	ଉ	ଲ	ଶ	ତ	◌୍	ସ	ଇ	ଞ୍ଜ	◌୍	ଜ	◌ି	ନ	◌୍
କ	ଜ	ଗ	ଉ	ଣ	◌ା	ସ	ହ	ଶ	ଣ	ଶ	◌୍	ଟ	ଝ
ଜ	ଜ	ଣ	କ	ମ	◌ୋ	ଟ	ର	କ	◌ୋ	ଡ	ସ	◌୍	ହ
ଆ	ଉ	ନ	ହ	◌ା	ଅ	ଷ	ଷ	◌୍	କ	ଅ	ହ	ଣ	◌ୀ
ଘ	ଲ	◌ା	ଦ	ର	ହ	ଣ	ଝ	ତ	ଝ	ଆ	ଦ	ବ	◌ୀ
ଅ	ଶ	ଭ	ଦ	◌୍	ଦ	ଞ୍ଜ	ଉ	◌ି	ଗ	ଥ	◌ୀ	ଘ	ଅ
ଆ	ଜ	ଅ	ଦ	◌ି	ଇ	ମ	◌େ	ସ	◌ି	ନ	◌୍	ଘ	ଷ
ଘ	ଶ	ଡ	ଶ	ନ	ଣ	ଣ	◌୍	ର	◌୍	◌ୂ	ଘ	ଶ	◌ୀ
ଙ	ଞ୍ଜ	◌ୀ	ମ	◌ା	ପ	ପ	◌୍	ର	◌ୋ	ପ	ଲ	ସ	ନ
ଚ	◌ି	ତ	◌୍	ର	ଚ	ଥ	ଅ	ଙ	ଶ	ଉ	ଡ	ଝ	ଅ

କୋଣ
ଅକ୍ଷ
ଗଣନା
ନିର୍ମାଣ
ଗଭୀରତା
ଚିତ୍ର
ବ୍ୟାସ
ଡିଜେଲ
ବଣ୍ଟନ
ଶକ୍ତି
ଇଞ୍ଜିନ୍
ଗିୟର୍ସ
ମେସିନ୍
ମାପ
ମୋଟର
ପ୍ରୋପଲସନ
ଘୂର୍ଣ୍ଣନ
ସ୍ଥିରତା

59 - Government

ଣ	ଇ	ଦ	ୱ	ଘ	ଘ	ଦ	ଥ	କ	ଙ	ଶ	ଗ	ଲ	ନ
ସ	◌୍	ମ	◌ା	ର	କ	◌ୀ	ଙ	ଆ	ଜ	କ	ଇ	ଞ	◌ା
ଆ	ଡ	ଅ	ଙ	◌ୀ	ଚ	ୟ	ଜ	◌୍	◌ା	ର	ଦ	ଗ	ଗ
ଲ	ଣ	ର	◌୍	ପ	◌ୁ	ତ	◌ି	ନ	◌୍	◌ା	ଶ	◌ୀ	ର
◌ୋ	ସ	ଟ	ଥ	କ	ଚ	ୱ	ଚ	ୟ	ତ	ଙ	ୱ	କ	◌ି
ଚ	◌ି	◌୍	ଶ	ତ	ଆ	ଇ	ଆ	କ	◌ା	ଜ	ଇ	ଲ	କ
ନ	ର	ଷ	ନ	◌ୀ	ତ	◌ି	ଜ	ହ	ନ	◌୍	ଶ	◌ି	ତ
◌ା	◌ା	◌୍	ଧ	ର	◌ା	ଜ	ଣ	ଅ	ଧ	ଇ	ନ	ବ	◌ା
◌ୀ	କ	◌ା	◌ା	◌୍	ନ	ଡ	ଲ	ଙ	◌ୀ	ଞ	ଇ	ର	ଞ
ଦ	◌୍	ର	ବ	ପ	◌ା	ଣ	ଅ	ଆ	ୱ	ଶ	ଆ	◌୍	◌ୀ
ଡ	ମ	ଜ	◌ି	ୱ	ମ	ଇ	◌ୀ	ଶ	◌ା	ଶ	ଜ	ଟ	ଉ
କ	◌ୋ	ଶ	◌୍	ଗ	ସ	ଭ	ଇ	ଆ	◌୍	ଘ	ଘ	◌ି	ୱ
ଦ	◌ି	ଷ	ମ	ଡ	◌ା	ଷ	ଲ	ଚ	ସ	ଗ	ହ	ହ	ଚ
ଥ	ଡ	ଜ	ସ	ଘ	ଘ	ନ	ବ	କ	◌୍	ତ	ବ	◌୍	ୟ

ନାଗରିକତା
ନାଗରିକ
ସମ୍ବିଧାନ
ଡିମୋକ୍ରାସି
ଆଲୋଚନା
ସମାନତା
ସ୍ୱାଧୀନତା
ନ୍ୟାୟିକ
ଆଇନ
ଲିବର୍ଟି
ସ୍ମାରକୀ
ରାଷ୍ଟ୍ର
ଶାନ୍ତିପୁର୍ଣ
ନୀତି
ବକ୍ତବ୍ୟ
ରାଜ୍ୟ
ପ୍ରତୀକ

60 - Art Supplies

ଟ	ଙ	ଇ	◌ୀ	ଡ	ଅ	ଡ	ଚ	ପ	ଇ	ଷ	ଜ	ଣ	ଷ
ଧ	େ◌	ଡ	ଣ	କ	ଠ	ର	◌ା	ମ	େ◌	ୟ	◌ା	◌୍	କ
ଉ	◌ା	ବ	ଡ	ଞ	◌ା	ହ	ଲ	େ◌	ତ	ପ	।	ସ	ଜ
◌ୀ	ଶ	ର	◌ୁ	ଇ	ଙ	ଥ	ଏ	ଅ	ଥ	ହ	ର	◌	ଳ
ହ	ଣ	ଅ	ଣ	ଲ	◌୍	ସ	◌ି	ନ	େ◌	ପ	◌୍	ଷ	ର
ଞ	ଆ	ଜ	ଳ	◌ା	◌୍	ଙ	ଜ	ଜ	କ	କ	ୟ	◌୍	◌ା
ଗ	ହ	ଗ	ଶ	ଣ	ଶ	ଶ	ଇ	◌ୀ	ନ	ଆ	◌ା	ଟ	ଶ
ଅ	ଭ	ଲ	ଶ	ଇ	ଆ	ଉ	ଘ	ଢ	ଏ	ଥ	େ◌	◌ି	◌ି
ଉ	ଘ	ଙ	ଶ	ଣ	ହ	ଥ	ଙ	ଘ	ଇ	ହ	ଚ	ଉ	କ
ଭ	ଷ	ଣ	ଙ	ଜ	କ	ଜ	ଞ	ଦ	ଆ	ଙ	ଦ	ଭ	ଜ
ଢ	ଆ	ଘ	ଥ	ଆ	କ	◌୍	ର	◌ା	ଇ	ଲ	◌ି	କ	◌୍
ଗ	ଉ	ଙ	ଷ	ଗ	◌ୀ	ଡ	ଗ	ଥ	ଉ	ଗ	ଅ	ଆ	ଅ
ଲ	ଭ	ଣ	କ	ଙ	ଥ	ଶ	ତ	◌୍	ର	◌ୁ	ଟ	◌ି	ଞ
ଭ	ଆ	ଥ	ଅ	ଢ	ଅ	ଆ	◌ୀ	ଷ	ଘ	କ	କ	◌ୀ	ଦ

ଆକ୍ରାଇଲିକ୍
କ୍ୟାମେରା
ଚେୟାର୍ |
ସୃଷ୍ଟି
ଇଜିଏଲ
ତ୍ରୁଟି
ଅଠା
ଧାରଣା
ଆଇଏନକେ
ତେଲ
ପେପର
ପେନସିଲ୍
ଟେବୁଲ୍
ଜଳ
ଜଳରାଶି

61 - Science Fiction

ଭ	ସ	ଟ	େ◌	କ	◌ୁ	ନ	◌ୌ	ଲ	◌ୌ	ଜ	◌ି	◌ୀ	ଭ
ୱ	ବ	◌ି	ଅ	ଗ	◌ୁ	ନ	◌ି	କ	◌ା	ଣ	◌ୁ	ଡ	କ
ଙ	ଡ	◌ି	ନ	କ	ଦ	ଦ	ଞ	ହ	ହ	ଶ	ବ	ଣ	ଲ
ଶ	କ	ଉ	ଷ	େ◌	ଶ	◌ୃ	ଲ	ଭ	ଜ	ଡ	ର	ଇ	◌ୁ
ଗ	ଦ	ହ	ଜ	◌ୁ	ମ	ର	ଲ	କ	ତ	ସ	◌ୁ	◌ୃ	ପ
ଗ	◌ୀ	ଲ	ଦ	ଗ	ୟ	◌ା	ଗ	କ	ଚ	ଙ	ଣ	ଡ	ନ
ଗ	ବ	କ	ଷ	ଜ	ହ	ତ	ଇ	ଞ	ମ	ଘ	◌ୁ	ଆ	◌ା
ୱ	◌ା	ଜ	ଶ	ଚ	ଲ	ୱ	ଆ	ଉ	ତ	ଶ	ଣ	ଆ	ଆ
ଡ	ବ	ଲ	◌ୁ	କ	େ◌	◌ା	ର	ଓ	◌ୁ	ହ	ନ	ପ	ଜ
ଉ	ତ	ୱ	◌ା	ଦ	ହ	ଇ	ଣ	କ	କ	ଦ	◌ା	◌ି	କ
ୱ	ସ	ଡ	ହ	କ	ର	ଆ	ଶ	ଶ	◌ା	ଅ	ଚ	ଟ	ଡ
ଆ	◌ୁ	ୟ	ମ	ୟ	◌ୁ	ସ	ହ	ର	ର	◌ୀ	ଷ	◌ୌ	ୱ
ଜ	◌ା	ଜ	ଘ	ଣ	ଗ	ସ	ପ	ର	ମ	◌ା	ଣ	◌ୃ	କ
ଆ	ବ	ଭ	◌ୁ	ର	ମ	ହ	◌ି	ୱ	◌ୀ	ୱ	ଘ	ୟ	◌ୀ

ପରମାଣୁ
ପୁସ୍ତକ
ସିନେମା
ଦୂର
ବର୍ଣ୍ଣନା
ଚମତ୍କାର
ଅଗ୍ନିକାଣ୍ଡ
ଭବିଷ୍ୟତ
ଗାଲାକ୍ସି
ଭ୍ରମ
କଳ୍ପନା
ରହସ୍ୟମୟ
ଓରାକେଲ୍
ଗ୍ରହ
ବାସ୍ତବବାଦୀ
ଟେକ୍ନୋଲୋଜି
ୟୁଟୋପିଆ

62 - Geometry

ଉ	ଉ	ଷ	ଣ	ଙ	ଉ	ଲ	ହ	ଡ	ୀ	ସ	ସ	ଣ	ଭ
ଉ	ଚ	ଲ	ଇ	ଅ	ଗ	ଭ	ା	ି	ବ	ମ	ି	ଭ	ଘ
ଇ	କ	୍	ଣ	ଷ	୍	ଲ	ନ	ଡ	◌	ୀ	ଦ	ୀ	ଆ
ଭ	ଗ	ଘ	ଚ	ଅ	ର	ଞ	ଣ	ଅ	ତ	କ	୍	ଇ	ତ
ଞ	ଥ	ଲ	କ	ତ	ବ	ଢ	ଗ	ଥ	୍	ର	ଧ	ଡ	୍
ର	ତ	ନ	୍	ମ	ା	ସ	◌	ଭ	ତ	ଣ	ା	ବ	ର
ି	ଲ	ର	ା	ତ	ନ	୍	ା	ମ	ସ	ଡ	ନ	୍	ି
ଟ	ଠ	ଷ	୍	◌	ପ	ଥ	ଆ	ଚ	ବ	ଅ	୍	ୟ	କ
୍	ଥ	ଞ	ଡ	କ	ପ	ଉ	ଉ	ହ	କ	ଦ	ତ	ା	େ
ମ	ଜ	ଇ	ଆ	ଇ	ର	ଧ	ି	ଦ	୍	◌	ବ	ସ	ଣ
େ	ମ	ା	ସ	୍	ି	ଚ	ଦ	ଷ	ର	ଭ	କ	ଜ	ଆ
ି	ଭ	ଙ	ଥ	ବ	ମ	୍	ଲ	◌	ଭ	ଣ	କ	ଞ	ଷ
ସ	ଭ	ଣ	ଘ	ଥ	ା	ଚ	ଘ	ଦ	ଶ	ଅ	ଭ	ୋ	ଞ
ଦ	ଲ	ଣ	ଚ	ହ	ପ	ଆ	ଥ	ଙ	ଜ	ଉ	ଣ	ଜ	ଣ

କୋଣ
ଗଣନା
ବୃତ୍ତ
ବକ୍ର
ବ୍ୟାସ
ପରିମାପ
ସମୀକରଣ
ଉଚ୍ଚତା
ଭୂସମାନ୍ତର
ତର୍କ
ମାସ୍
ସମାନ୍ତରାଳ
ବୃଦ୍ଧି
ବିଭାଗ
ବର୍ଗ
ପୃଷ୍ଠ
ସିମେଟ୍ରି
ସିଦ୍ଧାନ୍ତ
ତ୍ରିକୋଣ
ଭୂଲମ୍ବ

63 - Creativity

ଙ	ଜ	ଉ	ୀ	ଣ	ଥ	ଚ	ଞ	କ	ଚ	ହ	ଞ	ଥ	ଶ
ନ	ତ	ା	ଟ	ଷ	୍	ପ	୍	ସ	ଷ	ଣ	ଥ	ଗ	ଶ
ା	ା	ନ	ବ	ଭ	ା	୍	ଦ	ଉ	ଉ	ଲ	ଣ	ଦ	ୀ
ପ	ଳ	ଟ	ନ	୍	ସ	ର	େ	ପ	୍	ସ	୍	କ	ଏ
୍	ଶ	ସ	କ	ଘ	ଣ	ା	ର	ର	େ	୍	ପ	ଅ	ଗ
ଳ	ୀ	୍	ଆ	ୀ	କ	ଧ	ଶ	ଞ	ଜ	ଘ	ଘ	ୀ	ଷ
କ	ନ	ୱ	ଞ	ୱ	ୟ	ର୍	ଣ	ଘ	ଞ	ଭ	ଚ	ଘ	ଅ
ଞ	ଦ	ତ	ୱ	ଷ	ଉ	କ	ଦ	ଲ	ଅ	ତ	ହ	ଥ	ନ
ଷ	ବ	ଃ	ତ	ଘ	ଷ	ର	ମ	କ	ଥ	ଥ	ଙ	ଫ	୍
ଘ	େ	ସ	୍	ୀ	ଞ	ଣ	ଣ	ତ	ଉ	ଆ	ଭ	ଟ	ତ
ଙ	୍	୍	୍	ଗ	ଦ	କ	ା	ଜ	୍	ହ	ଭ	ୌ	ଃ
ଅ	ମ	ପ	ତ	ୀ	ବ	୍	ର	ତ	ା	ା	ଞ	ଘ	କ
ହ	ସ	◌	ହ	ଷ	ଥ	ଈ	ା	ୱ	ଲ	ୱ	ଳ	ଲ	ର
ହ	ଷ	ତ	ମ	ଲ	ଈ	କ	ଧ	ହ	ଲ	ଥ	ଞ	କ	ଣ

କଳାତ୍ମକ
ପ୍ରାଧିକରଣ
ସ୍ପଷ୍ଟତା
ନାଟକୀୟ
ଏକ୍ସପ୍ରେସନ୍
ଧାରଣା
ଫଟୋ
କଳ୍ପନା
ପ୍ରେରଣା
ତୀବ୍ରତା
ଅନ୍ତଃକରଣ
ଉଦ୍ଭାବନ
ସମ୍ବେଦନଶୀଳତା
ସ୍ୱତଃସ୍ଫୂର୍ତ
ମହତ୍ତ୍ୱ

64 - Airplanes

ପ	◌ା	ସ	◌େ	ଞ	◌୍	ଜ	ର	|	ନ	ଡ	◌ୀ	ଆ	ଲ
ଣ	ଞ	ଆ	ଗ	ଥ	ଘ	ଟ	ଞ	ଣ	◌ି	ଷ	କ	ଗ	ଙ
ବ	◌ା	ୟ	◌ୁ	ମ	ଣ	◌୍	ଡ	ଲ	ର	ଆ	◌ୀ	ଣ	ଞ
ହ	ତ	ଆ	ଅ	ଷ	ର	ଲ	ଭ	ୱ	◌୍	ବ	କ	ମ	ଭ
ଘ	◌ା	◌ୀ	ଦ	ଡ	ତ	ଇ	ଜ	ଇ	ଦ	◌େ	ଲ	◌ା	ୱ
ଜ	ଚ	ଇ	ଲ	ଘ	ବ	◌ା	ୱ	ନ	◌୍	ଲ	ଥ	ର	ଶ
ଙ	◌୍	ଚ	ଡ	ୱ	ଅ	ପ	ଅ	◌୍	ଦ	◌ୁ	ଷ	◌୍	ଶ
ଜ	ଚ	ଦ	ଚ	◌୍	କ	ଣ	ଇ	ଧ	◌େ	ନ	ୱ	◌ି	ଲ
ବ	ଉ	ଷ	ଉ	ଚ	ର	ଇ	ଡ	ନ	ଶ	◌୍	ଅ	ନ	କ
◌ା	ଉ	ଉ	ଷ	ଣ	ହ	◌ୋ	ଇ	ଞ	◌୍	ଜ	◌ି	ନ	◌୍
ୟ	ଜ	ଆ	ଡ	ଆ	ଞ	ୱ	ଜ	କ	◌୍	ର	◌ୁ	ଇ	ଡ
◌ୁ	ଡ	◌ି	ଜ	◌ା	ଇ	ନ	◌୍	◌େ	କ	ଷ	ଗ	ଘ	ଞ
ଇ	ତ	◌ି	ହ	◌ା	ସ	ଆ	ତ	◌ି	ନ	◌୍	◌ା	ଶ	ଅ
ପ	◌୍	ର	◌ୋ	ପ	◌େ	ଲ	ର	◌୍	ଚ	◌୍	ଶ	ଦ	ଞ

ବାୟୁ
ବାୟୁମଣ୍ଡଳ
ବେଲୁନ୍
ନିର୍ମାଣ
କ୍ରୁ
ଅବତରଣ
ଡିଜାଇନ୍
ନିର୍ଦ୍ଦେଶ
ଇଞ୍ଜିନ୍
ଇନ୍ଧନ
ଉଚ୍ଚତା
ଇତିହାସ
ହାଇଡ୍ରୋଜେନ୍
ପାସେଞ୍ଜର |
ପାଇଲଟ୍
ପ୍ରୋପେଲର୍
ଆକାଶ
ଅଶାନ୍ତି

65 - Ocean

ଲ	◌ୁ	ଣ	ଓ	ଜ	କ	କ	ଭ	ଗ	ଙ	ଉ	ଣ	ଜ	ଅ
କ	ଚ	ଚ	ଏ	ଞ	ମ	◌ୌ	ଇ	ୱ	ଭ	ଛ	◌ି	ଇ	କ
ଙ	ଙ	ଆ	ଷ	◌ୁ	ତ	ହ	ର	ଆ	◌ୁ	ଜ	ଙ	ଅ	◌ୁ
◌ୁ	◌ୀ	ଶ	◌ୁ	ପ	◌ୁ	ଶ	ସ	◌ା	ଜ	ଣ	ଲ	ଚ	ଟ
କ	କ	ଶ	ଟ	◌ୁ	ସ	ଥ	ହ	◌ି	ଲ	ଫ	ଘ	ଭ	◌ୈ
ଡ	ଥ	ଡ	ର	ସ	◌ୁ	ଣ	ଜ	ଥ	ୱ	◌ୁ	କ	◌ୀ	ପ
◌	ଘ	◌	ଲ	◌ୁ	ୟ	ଭ	ଞ	ହ	ଜ	◌ି	ଚ	।	ସ
◌ା	ଅ	◌ି	ହ	ଫ	ୱ	ଶ	ଡ	ଉ	ଦ	ର	ଡ	ମ	◌ୁ
◌ୀ	କ	ଗ	ମ	◌ି	◌ି	ତ	କ	◌ୀ	◌ୀ	ଟ	ଉ	◌ୁ	ଅ
ଭ	ଗ	◌ୁ	ଥ	ଲ	ଙ	ନ	ର	ଅ	ଇ	◌ୁ	ଅ	ର	ଶ
ଇ	ଦ	ଙ	ଶ	◌ି	ଣ	ଚ	◌ୁ	ଗ	ଏ	ନ	ଆ	ଟ	ଅ
ଡ	◌ୀ	◌ୁ	ଙ	◌େ	ଗ	ୱ	◌ା	ଣ	ଲ	◌ା	ଙ	◌ୌ	ଣ
ଣ	ଉ	◌ି	ଚ	ଜ	ଇ	ୱ	ଶ	ଡ	◌ୁ	ଭ	ଚ	◌ୁ	ଷ
◌ୀ	ଦ	ଚ	ଣ	ଉ	ଥ	ଭ	ଶ	◌େ	ବ	◌ା	ଲ	ଷ	ଅ

ଶୈବାଳ
କୋରାଲ୍
କଙ୍କଡ଼ା
ଡଲଫିନ୍
ଇଏଲ୍
ମତ୍ସ୍ୟ
ଜେଲିଫିସ୍
ଅକ୍ଟୋପସ୍
ଓଏଷ୍ଟର
ରିଫ୍
ଲୁଣ
ସିୱିଡ୍
ଶାର୍କ
ଚିଙ୍ଗୁଡ଼ି
ସ୍ପଞ୍ଜ
ଷ୍ଟୋରମ୍ ।
ଜୁଆର
ଟୁନା
କଇଁଛ
ତିମି

66 - Force and Gravity

ଚ	ଆ	ସ	ର	◌୍	ବ	ଭ	◌ା	ର	ତ	◌ୀ	ୟ	ଇ	ଞ
◌ୁ	ବ	କ	ୱ	କ	◌ୀ	ଣ	ଗ	ଘ	ଜ	ଙ	ଗ	ଞ	ଗ
ମ	◌ି	ଣ	ଆ	ଥ	ଞ	ଉ	ଦ	ଗ	ଇ	ଅ	ଲ	କ	ଗ
◌୍	ଷ	ଦ	କ	ଭ	ସ	ଗ	ଥ	ଗ	ଦ	ଇ	ଦ	ଥ	ଙ
ବ	◌୍	◌ୁ	ଅ	ହ	କ	ଜ	ଲ	ବ	ଙ	ଆ	ବ	ପ	ଶ
କ	କ	ର	ଙ	ଅ	◌୍	କ	ଦ	ଉ	◌େ	ଘ	◌ି	ଷ	ଶ
◌ୀ	◌ା	ତ	ଲ	ଉ	ନ	ଘ	ଗ	◌ୁ	ଣ	ଗ	ସ	◌୍	ଞ
ୟ	ର	◌ା	ଗ	ତ	◌ି	ଶ	◌ୀ	ଲ	ଣ	ଷ	◌୍	କ	ଅ
ତ	ଦ	ଗ	କ	ଣ	କ	ପ	ଅ	ଉ	ଙ	◌ୀ	ତ	କ	ୱ
◌ା	◌୍	ଙ	ଥ	ଅ	◌ା	ଜ	◌୍	ଞ	ଣ	ଡ	◌ା	ଥ	ଚ
ଣ	ନ	ସ	ମ	ୟ	◌େ	ଶ	ଉ	ର	ଡ	ୱ	ର	ଇ	କ
ଜ	◌୍	ଜ	ଲ	ଆ	ମ	ଚ	ଆ	ଦ	ଭ	ଇ	ହ	ଭ	ଘ
ଣ	◌େ	ଥ	ଓ	ଗ	ୱ	◌ୀ	ଲ	ହ	ଷ	◌ା	ଶ	କ	କ
ଜ	କ	ଭ	ଚ	◌ା	ପ	ଆ	ୱ	ଆ	ଅ	ଶ	ବ	ଷ	ଡ

ଅକ୍ଷ
କେନ୍ଦ୍ର
ଆବିଷ୍କାର
ଦୂରତା
ଗତିଶୀଳ
ବିସ୍ତାର
ପ୍ରଭାବ
ଚୁମ୍ବକୀୟତା
ମେକାନିକ୍ସ
କକ୍ଷପଥ
ଚାପ
ଗୁଣ
ବେଗ
ସମୟ
ସର୍ବଭାରତୀୟ
ଓଜନ

67 - Birds

ଚ	ଘ	ଆ	ନ	ଫ	◌ୁ	ଲ	◌ା	ମ	◌ି	ଙ	◌ୁ	ଗ	◌ୈ
ଗ	◌ୁ	ଲ	◌ୁ	ପ	◌େ	ଙ	◌ୁ	ଗ	◌ୁ	ଇ	ନ	◌ୁ	ଉ
କ	ହ	ପ	କ	ଘ	ଲ	ଡ	ଚ	ଶ	ୱ	ଡ	◌ୁ	ଗ	କ
◌ା	◌ଂ	ଶ	◌େ	◌ି	ଅ	ଗ	ୱ	ଗ	ଡ	ଦ	କ	ଷ	ଲ
ନ	ସ	ୱ	◌ି	ଲ	◌ୈ	ସ	◌ୁ	ୱ	◌ା	ନ	◌ା	କ	◌ୀ
◌ା	ମ	କ	ଚ	ଚ	◌ି	କ	ଭ	ନ	◌ୁ	ର	◌ୈ	◌େ	ହ
ର	ୟ	ଞ	ଷ	ଚ	ଇ	କ	ଥ	ଲ	ଣ	◌ା	ଟ	ଅ	ଡ
◌ି	◌ୁ	ଆ	ଜ	◌ୀ	ହ	କ	◌ା	ଗ	ଅ	◌ା	କ	ଷ	ଷ
ଥ	ର	ଉ	ଷ	ଶ	ହ	ଥ	ଲ	ନ	ଡ	ପ	ଥ	◌ୁ	ଗ
ହ	ଘ	ଡ	।	କ	◌ୁ	ର	ଟ	◌ୈ	◌ୁ	ଷ	ଣ	ଟ	ଘ
ଜ	ଭ	ୱ	ଘ	ଇ	ଲ	ଡ	ଇ	ଜ	ଚ	ଜ	ବ	◌ୁ	ଥ
ଙ	ଘ	ଇ	ଲ	କ	ଅ	ଲ	◌େ	ଗ	ଙ	କ	ତ	ର	ଞ
ଶ	ହ	ଉ	ଥ	ୱ	ଶ	ଦ	ଢ	ଇ	ଲ	◌ା	କ	◌ି	ଚ
ୱ	ଉ	ଙ	ଥ	ଭ	ଇ	ଜ	ଚ	ଶ	ଚ	ଉ	ୱ	ଚ	କ

କାନାରି
ଚିକେନ୍
କାଉ
କୋକିଲ
ବତକ
ଇଗଲ
ଅଣ୍ଡା
ଫ୍ଲାମିଙ୍ଗୋ
ହଂସ
ଗୁଲ୍
ହେରୋନ୍
ଅଷ୍ଟ୍ରିଚ
ପାରା
ମୟୂର
ପେଲିକାନ୍
ପେଙ୍ଗୁଇନ୍
ଚଢେଇ
ଷ୍ଟୋରକ୍ ।
ସ୍ୱାନ
ଟୋକାନ୍

68 - Art

ଣ	ଝ	ନ	ଆ	ଭ	ଡ	ମ	ଭ	ଶ	ଭ	ବ	ସ	ଅ	ହ
ଚ	ଇ	◌୍	ତ	ଇ	କ	ଇ	◌ୁ	ଶ	ଦ	◌ି	◌ି	ସ	କ
◌ୀ	ଡ	ସ	ଣ	କ	ଲ	ଷ	କ	ଳ	ବ	ଦ	ର	◌ଂ	ଚ
ହ	ଖ	ର	◌ି	କ	ବ	◌ି	ତ	◌ା	◌ା	◌୍	◌ା	କ	ଉ
ଥ	ଗ	େ◌	ର	କ	ଦ	ଝ	ଭ	ଙ	ବ	ୟ	ମ	ଳ	ଶ
ଡ	ଣ	ପ	◌ା	ଆ	ଆ	ଥ	ଲ	ଘ	ତ	◌ା	◌ି	ନ	ମ
କ	ମ	◌୍	ପ	◌୍	ଲ	େ◌	ଳ	◌୍	ସ	ଳ	କ	ଅ	ନ
ଭ	ଙ	ସ	◌୍	ଥ	ଙ	ଅ	ଝ	ଘ	◌୍	ୟ	◌୍	ଚ	ଶ
◌ି	ଅ	◌୍	◌ୁ	ଝ	ଣ	ଜ	◌ୀ	ଝ	◌ା	ହ	ଷ	ଦ	ଣ
ଜ	ଙ	କ	ନ	ଣ	ଲ	ଣ	ଖ	ଶ	ବ	ଷ	ଶ	◌ି	ଉ
◌ୁ	ଚ	ଏ	ଅ	ପ	◌୍	ର	ତ	◌ୀ	କ	ଥ	ଉ	ଦ	ବ
ଆ	ହ	ଅ	ଭ	ହ	କ	ସ	ଚ	◌୍	ଚ	◌ୋ	ଟ	ଇ	ଇ
ଲ	ଆ	ଝ	ଗ	ଥ	ଖ	କ	ଙ	ଇ	ଦ	ଜ	ଇ	ହ	ଝ
◌୍	ଥ	ଙ	ଚ	ଶ	କ	ଇ	ଷ	ଆ	ଡ	ଚ	ଉ	ଇ	ଲ

ସିରାମିକ୍
କମ୍ପ୍ଲେକ୍ସ
ସଂକଳନ
ଏକ୍ସପ୍ରେସନ୍
ସଚ୍ଚୋଟ
ଅନୁପ୍ରାଣିତ
ମନ
ମୂଳ
କବିତା
ବିଦ୍ୟାଳୟ
ବିଷୟ
ବାସ୍ତବବାଦ
ପ୍ରତୀକ
ଭିଜୁଆଲ୍

69 - Politics

ଷ	◌୍	ଟ	◌୍	ର	◌ା	ଟ	େ◌	ଜ	◌ି	ଦ	ନ	ଙ	ଓ
ଜ	ଝ	◌ୀ	ଘ	ସ	ଇ	ଙ	ଗ	କ	କ	ର	େ◌	ଇ	ଥ
◌ୀ	ନ	◌୍	ପ	େ◌	ମ	◌୍	ୟ	◌ା	◌୍	କ	ତ	ଙ	ଶ
ସ	ଣ	ଶ	ଚ	ଓ	ଲ	◌ା	ଶ	◌ା	ସ	ନ	◌ି	ଜ	ଥ
ଲ	କ	ଦ	ଅ	ଶ	ଲ	ଙ	ନ	ଭ	ଇ	କ	କ	ଣ	◌ୀ
ଇ	◌ୀ	◌୍	ଥ	ଶ	ଦ	ହ	◌ୀ	ତ	ଇ	ଥ	ତ	କ	ର
ଶ	ଇ	ନ	ର	ଓ	ଷ	ଓ	ଶ	ଡ	◌ା	ଉ	◌ା	ଙ	◌୍
ଙ	ଇ	ସ	ଟ	◌ି	◌ି	ମ	କ	ଥ	ଜ	ଣ	ଥ	ଣ	ର
ଶ	ହ	ପ	ଇ	ଝ	ୟ	ଜ	ନ	ସ	◌ଂ	ଖ	◌୍	ୟ	◌ା
ମ	ହ	ସ	◌୍	ଓ	◌ା	ଧ	◌ୀ	ନ	ତ	◌ା	ଙ	ଜ	◌୍
ଙ	ତ	ଉ	ଓ	ଅ	ଙ	ଜ	ଦ	ଡ	◌ି	ଲ	ଗ	◌ି	ପ
ହ	ଓ	◌ା	ଇ	ଶ	ଝ	ଝ	ଜ	ଶ	◌ୀ	ଝ	ଙ	ବ	ଶ
କ	ଡ	ଆ	ମ	ଶ	ଲ	ଆ	ଡ	ଘ	ନ	ଷ	ଙ	ଗ	◌ୀ
ଆ	ଶ	ଗ	ଝ	ତ	ଶ	ଶ	ଲ	ହ	ଝ	ଅ	ହ	ଉ	◌ୀ

ସକ୍ରିୟ
କ୍ୟାମ୍ପେନ୍
ପ୍ରାର୍ଥୀ
ପସନ୍ଦ
କମିଟି
ସମାନତା
ନୈତିକତା
ସ୍ୱାଧୀନତା

ଶାସନ
ମତାମତ
ନୀତି
ଜନସଂଖ୍ୟା
ଷ୍ଟ୍ରାଟେଜି
କର
ବିଜୟ

70 - Nutrition

କ	ଞ	ଲ	ଭ	ଣ	ଦ	ଡ	ଷ	ହ	ପ	ଅ	ଇ	ଅ	ଆ
ଷ	◌୍	ୱ	ଗ	ୋ	ଆ	ଶ	ଆ	ହ	◌୍	◌ଂ	ଉ	ଭ	ଣ
ଶ	ଞ	ୟ	ଲ	ତ	କ	◌୍	◌ି	ତ	ର	ଶ	ଙ	ଥ	ଷ
ଲ	ଷ	ଲ	◌ା	ଜ	ଙ	◌ୀ	ଣ	ଜ	ୋ	ଥ	ଡ	ୱ	ୱ
ଷ	ଜ	ଜ	ଆ	ଲ	ଗ	◌ୁ	ଣ	ଇ	ଟ	◌୍	ଏ	◌ା	ଡ
ଓ	ଲ	ଲ	ହ	ଭ	ୋ	ଶ	ଷ	ଦ	◌ି	ସ	ଭ	ଟ	ଷ
ଜ	ଘ	ଚ	କ	ଘ	କ	ର	ଙ	ଣ	ନ	ସ	◌ି	କ	ଲ
ନ	ଜ	କ	ଲ	ଉ	ଥ	ଆ	◌ୀ	ଞ	◌୍	◌୍	ଟ	◌୍	ସ
ସ	◌୍	ୱ	◌ା	ସ	◌୍	ଥ	◌୍	ୟ	ଣ	ଜ	◌ା	ସ	◌୍
ଣ	ହ	ଷ	ଦ	ଗ	ଡ	ଞ	ସ	ଥ	ଲ	ଙ	ମ	◌ି	ୱ
ସ	ନ	◌୍	ତ	◌ୁ	ଳ	◌ି	ତ	◌୍	ଅ	ଉ	◌ି	ନ	◌ା
ଥ	ଶ	ଙ	ଗ	ଥ	ଗ	ଷ	ଣ	ଭ	◌ୁ	ଥ	ନ	◌୍	ଦ
ପ	◌ୁ	ଷ	◌୍	ଟ	◌ି	କ	ର	ଡ	ଆ	ସ	◌୍	|	ଚ
ଫ	ର	◌୍	ମ	◌େ	ଣ	◌୍	ଟ	◌େ	ସ	ନ	◌୍	ଗ	ଜ

ଭୋକ
ସନ୍ତୁଳିତ
ତିକ୍ତ
କ୍ୟାଲୋରୀ
ଡାଏଟ୍
ଫର୍ମେଣ୍ଟେସନ୍
ସ୍ୱାଦ
ସ୍ୱାସ୍ଥ୍ୟ
ସୁସ୍ଥ
ପୁଷ୍ଟିକର
ଅଂଶ
ପ୍ରୋଟିନ୍
ଗୁଣ
ସସ୍
ଟକ୍ସିନ୍ |
ଭିଟାମିନ୍
ଓଜନ

71 - Hiking

ୟ	ଜ	ପ	ଗ	ଦ	ଚ	ଘ	◌ୀ	ଙ	ଗ	ଣ	ବ	ଳ	ୱ
ୱ	◌ୃ	ଆ	◌ା	କ	◌ୁ	ଲ	◌ା	ନ	◌ୁ	ତ	◌ୃ	ଦ	ଘ
ଆ	କ	◌ା	ଶ	ର	ଳ	ଳ	ଷ	ଶ	ଚ	ୱ	ଟ	ଳ	କ
ଭ	ଅ	ଚ	ବ	ମ	◌ୁ	ଗ	ଦ	ଣ	ଡ	ଅ	◌ୁ	ହ	କ
ଣ	ୱ	ହ	ଘ	ଲ	◌ା	କ	ପ	◌ୁ	ର	କ	◌	ତ	◌୍
ଶ	କ	ଘ	ଥ	ଣ	ଜ	ନ	ଗ	ଜ	ଙ	◌ୁ	ଗ	ଳ	◌ୀ
ୱ	କ୍ଷ	ଘ	ଜ	ଆ	ଡ	ଚ	ଚ	◌ୃ	ଜ	ଶ	ୱ	ଜ	ଙ
ଗ	ଉ	ଥ	ଗ	◌ୀ	ୱ	ଉ	ଉ	◌୍	ଡ	ଦ	ଭ	ଲ	ଶ
କ	◌ୁ	ୟ	◌ା	ମ	◌ୁ	ପ	◌୍	◌ଂ	ତ	◌୍	ଚ	ଳ	ୱ
ଙ	ଉ	ପ	ଶ	◌ୃ	ମ	◌ା	ନ	◌େ	ଭ	◌ୁ	କ	ଭ	ଶ
ପ	◌ୁ	ର	ସ	◌ୁ	ତ	◌ୃ	ତ	◌୍	ଷ	ଅ	ର	ଇ	ଆ
କ୍ଷ	ଚ	◌ୀ	ଓ	ର	◌୍	ଏ	ଣ	◌ୁ	ଟ	◌େ	ସ	ନ	◌ୁ
ମ	◌ା	ଉ	ଣ	◌ୁ	ଟ	◌େ	ନ	◌ୁ	ଘ	◌ୀ	ଥ	ଆ	କ୍ଷ
◌ୀ	ଉ	ଇ	ଥ	ଉ	◌ୀ	ଚ	ଡ	ଳ	ଶ	ହ	ଦ	ଉ	ଦ

ପଶୁମାନେ
ବୁଟ୍
କ୍ୟାମ୍ପିଂ
ଜଳବାୟୁ
ଆକାଶ
ମାନଚିତ୍ର
ମାଉଣ୍ଟେନ୍

ପ୍ରକୃତି
ଓରିଏଣ୍ଟେସନ୍
ପାର୍କଗୁଡିକ
ପ୍ରସ୍ତୁତି
କ୍ଲାନ୍ତ
ଜଳ
ଜଙ୍ଗଲୀ

72 - Professions #1

କ	ଜ	ଲ	ଗ	ଷ	ଭ	ଲ	ସ	ଗ	ଅ	ଉ	କ	ଜ	କ
ୋ	ି	ମ	ନ	ୋ	ବ	ି	ଜ	୍	ଞ	ା	ନ	ୀ	ତ
ଚ	ଓ	ଣ	ଭ	ଗ	ଦ	ଭ	ୀ	ଅ	ର	ଞ	ଗ	ଣ	ଦ
୍	ଲ	ଘ	ଝ	ଆ	ହ	ଙ	ଣ	ଦ	ଥ	ନ	ଉ	ଷ	◌
ଙ	ୋ	କ	ା	ର	୍	ଟ	ୋ	ଗ	୍	ର	ା	ଫ	ର
ଣ	ଜ	ବ	ଶ	ର	ଲ	ଏ	ୁ	ଜ	ଅ	ପ	ଶ	ଆ	ଟ
ଲ	ି	ଭ	୍	ଦ	ଚ	ୈ	ଡ	ଙ	ଗ	ି	ଉ	ଟ	୍
ଦ	ଷ	ଷ	ଚ	ୟ	ଭ	ଶ	ଟ	ୀ	୍	ଆ	ଶ	ର	ଷ
ଡ	୍	କ	ଦ	ପ	ା	୍	ମ	ସ	ନ	ନ	ି	୍	୍
ଲ	ଟ	ଜ	ଇ	ଇ	କ	ଙ	ୀ	ଉ	ି	ୋ	କ	ଣ	ା
ପ	୍	ଲ	ମ	୍	ବ	ର	୍	ଶ	ଶ	ବ	ା	୍	ର
ସ	ଂ	ଗ	ୀ	ତ	ଜ	୍	ଞ	କ	ମ	ା	ର	ଣ	ଇ
ବ	ୈ	ଜ	୍	ଞ	ା	ନ	ି	କ	ର	ଦ	ୀ	ି	ଅ
ଷ	ଉ	ଙ	ଝ	ଶ	ଥ	ଗ	ଙ	ର	ତ	କ	୍	ା	ଡ

ରାଷ୍ଟ୍ରଦୂତ
ଆର୍ଟିଷ୍ଟ
ବ୍ୟାଙ୍କର
କାର୍ଟୋଗ୍ରାଫର
କୋଚ୍
ଡାକ୍ତର
ସମ୍ପାଦକ
ଅଗ୍ନିଶମ
ଜିଓଲୋଜିଷ୍ଟ
ଶିକାରୀ
ଜୁଏଲର
ସଂଗୀତଜ୍ଞ
ନର୍ସ
ପିଆନୋବାଦକ
ପ୍ଲମ୍ବର
ମନୋବିଜ୍ଞାନୀ
ବୈଜ୍ଞାନିକ
ଟେଲର

73 - Barbecues

ଙ	ଷ	ଭ	ଡ	ଥ	ଘ	ଘ	ଡ	ଷ	ଥ	ଜ	ଆ	ଝ	ଅ
ଡ	ଆ	ଙ	ଡ	ଷ	ଅ	ୀ	ସ	ଉ	ଦ	ହ	ଷ	ୀ	ଘ
ଦ	ଭ	ଅ	ଲ	ଷ	ଜ	ଥ	ଗ	ମ	ଚ	ଷ	।	ଷ	ୱ
ପ	ର	୍	ବ	ା	ର	ନ	ଚ	ଥ	ର	ଙ	କ	ୀ	କ
ୱ	ଣ	ଶ	ୱ	ଙ	ୀ	ୁ	ସ	ସ	୍	ୁ	ୁ	ଅ	ଣ
ଝ	ଇ	ଝ	ଟ	ଚ	ଶ	କ	ଡ	ଦ	ମ	ଜ	ଜ	ଚ	ଙ
ଛ	ଣ	ଅ	ମ	ହ	ନ	େ	ମ	ା	ଲ	ା	୍	ପ	ସ
ୃ	ଣ	ଥ	ା	ବ	ଝ	୍	ଥ	ଣ	ୋ	ଲ	ୟ	ଦ	ା
ର	ୱ	ହ	ଟ	ଥ	ନ	ଚ	ଭ	ଅ	ଗ	ୁ	ୃ	କ	ଲ
ୀ	ଉ	ୱ	ୋ	ଝ	ଆ	ୁ	କ	ଥ	ଉ	ର	ୁ	ଣ	ା
ହ	କ	ୱ	ଆ	ଭ	ୀ	ୱ	ଧ	ଦ	ଚ	ୀ	ମ	ଇ	ଡ
ଖ	େ	ଲ	ଗ	ୃ	ଡ	୍	କ	ୃ	କ	ୁ	ଙ	ଷ	ୁ
ପ	ନ	୍	ପ	ର	୍	ବ	ା	ଆ	ଗ	ଗ	ୀ	ଆ	ଦ
ଅ	ଝ	ଲ	ଶ	ଉ	ହ	ଘ	ଲ	ଅ	ଚ	ଣ	ଲ	ଣ	ଷ

ଚିକେନ୍
ପିଲାମାନେ
ପରିବାର
ବନ୍ଧୁଗଣ
ଖେଳଗୁଡିକ
ଗ୍ରୀଲ୍
ଛୁରୀ
ମ୍ୟୁଜିକ୍ ।
ଗୋଲମରିଚ
ସାଲାଡ୍
ଲୁଣ
ସସ୍
ସମର୍
ଟମାଟୋ
ପନିପରିବା

74 - Chocolate

ଇ	◌ୀ	ଣ	ସ	◌ି	ଏ	ସ	◌ି	ଏ	ଓ	ମ	◌ି	ଠ	◌ା
ପ	ସ	ନ	◌୍	ଦ	◌ି	ତ	◌ା	ଲ	ଭ	ଶ	କ	ଉ	ଞ
ଇ	ଆ	ଡ	◌ି	ତ	◌ି	କ	◌୍	ତ	ଆ	ଞ	ଙ	ପ	ଚ
ଙ	ଭ	ଭ	ଅ	◌ି	ଜ	ଆ	ଞ	ଗ	ଞ	ଘ	ହ	◌ା	◌ି
ଆ	ଉ	ଞ	ଞ	ଞ	ଚ	ଦ	◌ୀ	◌ୀ	ଣ	ଆ	ଘ	ଦ	ନ
ଗ	◌୍	ଣ	ଘ	ର	◌ୀ	ଲ	◌ୋ	◌୍ୟ	◌ା	◌୍	କ	◌ା	◌ା
ଇ	ଅ	ଗ	ଶ	◌େ	ହ	ଚ	ଇ	ହ	◌ୀ	◌ୀ	ଗ	ନ	ବ
ଥ	ଭ	ଲ	◌ୀ	ସ	କ	◌ା	ର	◌ା	ମ	◌େ	ଲ	ୱ	◌ା
ଟ	ଷ	◌୍	ଦ	◌ି	ୱ	◌ା	◌୍	ସ	ସ	ଜ	ଜ	ଉ	ଦ
ଡ	ଚ	ଙ	◌େ	ପ	ଜ	ଆ	ଆ	ଷ	ହ	◌୍	ଙ	ଅ	◌ା
ଘ	ଆ	ଲ	◌ି	◌ି	ଦ	ଭ	ଗ	◌ୀ	ଣ	ଙ	ୱ	ଇ	ମ
ଚ	ଭ	ଞ	ବ	ଭ	ଗ	ଣ	ଇ	◌ୀ	ହ	ଶ	ଗ	◌ା	ଥ
ଶ	ଡ	ଇ	ଚ	ଥ	ଆ	ଥ	ଡ	ଭ	କ	ଚ	ଞ	ଶ	ଦ
ଦ	ଇ	ଷ	ଇ	ଲ	◌ୀ	ଆ	ଜ	ଶ	ଲ	ଦ	ଆ	ଆ	ଦ

ତିକ୍ତ
ସିଏସିଏଓ
କ୍ୟାଲୋରୀ
କାରାମେଲ
ସ୍ୱାଦିଷ୍ଟ
ବିଦେଶୀ
ପସନ୍ଦିତା
ଉପାଦାନ
ଚିନାବାଦାମ
ଗୁଣ
ରେସିପି
ଚିନି
ମିଠା
ସ୍ୱାଦ

75 - Vegetables

ଛ	ଥ	ର	ୱ	ଗ	ଥ	ସ	ଜ	ଗ	ୱ	ଆ	ଞ	ଲ	ଣ
ତ	ୱ	◌ୀ	ସ	ଗ	ଣ	◌େ	ଆ	ଆ	ଶ	ଶ	ଆ	ଙ	ୱ
◌ୁ	ୱ	ଭ	ୱ	◌ୁ	ଭ	ଲ	◌ି	କ	◌ୋ	ର	◌ୋ	◌୍	ବ
ମ	◌ୂ	ଳ	◌ା	ଲ	ଣ	ର	ପ	ହ	ଆ	ଡ	ଣ	ୱ	ଇ
ଦ	ଗ	ଣ	◌ୀ	ଏ	ଇ	◌ି	ପ	ଞ	◌ୀ	ହ	କ	ଚ	ଦ
ଟ	◌ୋ	◌ା	ମ	ଟ	ସ	◌୍	ପ	◌ି	ନ	◌ା	ଚ	◌୍	।
ଲ	ୱ	ପ	ଜ	ଆ	ର	◌୍	ଟ	◌ି	କ	◌ୋ	କ	◌୍	ଟ
◌ା	ଘ	ଇ	◌ା	ର	ୱ	ଣ	ଗ	ଇ	◌ା	ବ	ଦ	ଭ	ର
ଶ	ଶ	ଭ	ଦ	ର	କ	◌ା	କ	◌ୁ	ଡ	◌ି	ୱ	ଶ	◌୍
ଲ	ଘ	ହ	ଅ	ହ	◌୍	ଙ	ଇ	କ	◌୍	କ	ଣ	ଣ	ନ
ଘ	ଣ	ଇ	ଦ	ଞ	ଚ	ସ	ଇ	ଣ	ଲ	◌ୋ	ଇ	ଜ	ଆ
ଲ	ଡ	ଇ	ହ	ଦ	କ	ଞ	ଲ	ଅ	◌ା	ଲ	କ	ହ	ଇ
ଘ	ଥ	ଉ	ଣ	ଗ	ଚ	ଆ	ଶ	◌େ	◌ା	◌ୁ	ହ	ଞ	ପ
ପ	ମ	◌୍	ପ	କ	◌ି	ନ	◌୍	।	ସ	ଫ	ଷ	◌ୀ	◌ି

ଆର୍ଟିଚୋକ୍
ବ୍ରୋକୋଲି
ଗାଜର
ଫୁଲକୋବି
ସେଲରି
କାକୁଡି
ବାଇଗଣ
ରସୁଣ
ଅଦା
ଛତୁ
ପିଆଜ
ପାର୍ସଲେ
ପିଇଏ
ପମ୍ପକିନ୍ ।
ମୂଳା
ସାଲାଡ୍
ଶାଲଟ
ସ୍ପିନାଚ୍ ।
ଟମାଟୋ
ଟର୍ନଆଇପି

76 - The Media

ଙ	ଭ	ଥ	ଇ	ର	ଅ	ନ	ଲ	ା	ଇ	ନ	୍		କ
ହ	ଷ	ଅ	ଶ	ଙ	େ	ଦ	ଗ	କ	ସ	ଦ	ଭ	ଣ	ମ
ଅ	ଆ	ହ	ଥ	ଦ	ଥ	ଡ	ଜ	ଡ	୍	ଆ	ଘ	ଅ	ର
ଜ	ଆ	ଦ	ଥ	ଆ	ଇ	ହ	ି	ଣ	ଥ	ଆ	ଗ	ଦ	୍
ଡ	ି	ଜ	ି	ଟ	ା	ଲ	୍	ଓ	ା	ଉ	ଢ	ଅ	ସ
ଟ	େ	ଲ	ି	ଭ	ି	ଜ	ନ	ଷ	ନ	କ	ଆ	ଦ	ି
ଷ	ହ	ଣ	ୀ	ଅ	ଦ	ଭ	ଢ	ଇ	ୀ	ଣ	ଇ	ଅ	ଆ
ଖ	ଶ	ି	କ	୍	ଷ	ା	ଜ	ଷ	ୟ	ଫ	ଟ	ୋ	ଲ
ମ	ବ	ଅ	ନ	୍	ତ	ର	୍	ନ	ି	ହ	ି	ତ	୍
ତ	ଣ	ର	କ	ସ	୍	ଂ	ସ	ଆ	ଢ	ଗ	ଡ	ଶ	ଛ
ା	କ	ଚ	କ	ଡ	ି	ଗ	ୁ	ୟ	୍	ଥ	ତ	ି	ଛ
ମ	ୀ	ଗ	ଆ	ା	ଶ	ଥ	ଭ	ଦ	ଦ	ଘ	ଥ	ଲ	ଚ
ତ	ଭ	ଉ	ଉ	ଗ	ଗ	ଯ	ୋ	ଗ	ା	ୋ	ଯ	୍	ଉ
ଘ	ଙ	ଶ	ନ	ନ	ୀ	ଜ	ବ	ର	୍	ା	ସ	ପ	ଲ

କମର୍ସିଆଲ୍
ଯୋଗାଯୋଗ
ଡିଜିଟାଲ୍
ସଂସ୍କରଣ
ଶିକ୍ଷା
ତଥ୍ୟଗୁଡିକ
ଶିଳ୍ପ
ଅନ୍ତର୍ନିହିତ
ସ୍ଥାନୀୟ
ଖବରକାଗଜ
ଅନଲାଇନ୍
ମତାମତ
ଫଟୋ
ସାର୍ବଜନୀନ
ରେଡିଓ
ଟେଲିଭିଜନ

77 - Boats

ଚ	କ	ଷ	ର	ଆ	ୁ	ଜ	କ	ୟ	ା	ା	କ	ଦ	ଉ
ଞ	ଲ	ଘ	ା	ଷ	ଲ	ଇ	କ	୍	ଷ	ହ	ଞ	ଉ	ଗ
ଇ	ଅ	ଇ	ଫ	ଲ	ଭ	ଥ	ଝ	ଥ	ର	ଇ	ଅ	ଞ	ଦ
ଣ	ଞ	ଗ	୍	ଇ	ହ	ଗ	ଘ	ଞ	ଘ	ୁ	ହ	ଘ	ଉ
ଘ	ହ	ଘ	ଟ	ଆ	ନ	୍	ଜ	ି	୍	ଞ	ଇ	ଆ	ଡ
ଥ	ଦ	ଜ	ଫ	େ	ର	ୀ	ର	୍	କ	୍	ଙ	ଆ	ି
ଝ	ଶ	ୟ	ଉ	ଜ	ଉ	ଦ	ଡ	ଦ	ଚ	ଇ	ଗ	ଦ	ସ
ସ	େ	ଲ	ବ	ୋ	ଟ	୍	ଙ	ମ	ଡ	ଞ	ଲ	ଦ	ମ
ନ	ଟ	ି	କ	ା	ଲ	୍	୍	ା	ଣ	ଝ	ଦ	ୀ	ୁ
ଦ	୍	ଙ	ଙ	ଝ	ଆ	ଥ	ଗ	ଷ	ଜ	ହ	ଣ	ହ	ଦ
ଆ	ା	ହ	ଆ	କ	ଶ	ଣ	ୀ	୍	ଦ	ଡ	ଡ	ଘ	୍
ଡ	ୟ	ଲ	ଗ	ୀ	ୀ	ଞ	ଆ	ଟ	ୀ	ଆ	ଶ	ଅ	ର
ସ	ା	ମ	ୁ	ଦ	୍	ର	ି	କ	ୀ	ଚ	ଞ	ଲ	ଅ
ଦ	ଲ	ଙ	ଥ	ନ	ଝ	କ	ଦ	ଡ	ଙ	ଘ	ଞ	ଚ	ଗ

ଆଙ୍କର୍
ବୟ
ଡଙ୍ଗୀ
କ୍ରୁ
ଇଞ୍ଜିନ୍
ଫେରୀ
କାୟାକ
ହ୍ରଦ
ସାମୁଦ୍ରିକ
ମାଷ୍ଟ
ନଟିକାଲ୍
ରାଫ୍ଟ
ନଦୀ
ଦଉଡି
ସେଲବୋଟ୍
ସମୁଦ୍ର
ଜୁଆର
ୟାଟ୍

78 - Activities and Leisure

ଉ	ଉ	ବ	ଭ	ୱ	ଙ	ଣ	ଶ	ହ	ଆ	ଭ	ଗ	ୱ	ବ
ଅ	ଫ	ଗ	ଗ	ଚ	ଭ	ଇ	ଅ	ଙ	ଡ	ଙ	ଥ	କ	◌ା
ଡ	◌ି	◌ି	ଞ	ଲ	ହ	ଥ	ଥ	ଡ	ହ	ଗ	ଉ	ୱ	ସ
ଭ	◌ଂ	ଚ	ପ	ଲ	ଥ	ଘ	ଥ	ଥ	ଗ	ଟ	ଣ	ଆ	◌ୁ
ଦ	◌ୁ	◌ା	◌ି	ଶ	ଞ	ଡ	ଅ	ଉ	ଙ	େ◌	ଥ	ର	କ
ଥ	ର	ର	◌ଂ	ଞ	◌ୀ	◌ୀ	ଆ	ଥ	ୱ	ନ	ଡ	◌ା	େ◌
ଉ	ସ	ଲ	ମ	ଘ	ଅ	ଚ	ଣ	ଇ	ହ	◌ି	◌ା	ମ	ଟ
ଅ	କ	ଗ	◌ୁ	ଣ	ଫ	◌ୃ	ଟ	ବ	ଲ	ସ	ଇ	ଦ	ବ
ଭ	ଜ	ଇ	ୟ	◌ୀ	ଶ	◌ୁ	ଜ	ଭ	ଥ	◌ୁ	ଭ	◌ା	ଲ
ଉ	ଦ	ଷ	◌ା	ହ	ଙ	ଅ	ଲ	ଞ	ଲ	ହ	◌ି	ୟ	◌ୁ
ଙ	କ	ଲ	◌ୁ	ବ	ସ	େ◌	ବ	ଗ	କ	◌ି	◌ଂ	କ	ଇ
ଣ	ଇ	ଆ	କ	◌ୀ	◌ୀ	ଇ	ଶ	କ	ଲ	ଦ	ବ	ଘ	କ
ହ	ଗ	ଣ	ଡ	ଣ	କ	◌ି	◌ଂ	ଇ	◌ା	ହ	କ	ଲ	ଦ
ପ	ହ	◌ଁ	ର	◌ି	ବ	◌ା	ବ	କ	◌ୁ	ସ	◌ି	◌ଂ	◌ୁ

କଳା
ବେସବଲ୍
ବାସ୍କେଟବଲ୍
ବକ୍ସିଂ
କ୍ୟାମ୍ପିଂ
ଡାଇଭିଂ
ବଗିଚା
ଗଲ୍ଫ
ହାଇକିଂ
ଆରାମଦାୟକ
ଫୁଟବଲ
ସର୍ଫିଂ
ପହଁରିବା
ଟେନିସ୍
ଭ୍ରମଣ
ଭଲିବଲ୍

79 - Driving

ଜ	ମ	ୋ	ଟ	ର	ତ	୍	ଚ	ି	ନ	ା	ମ	ୀ	ଚ
ଟ	୍	ର	ା	ଫ	ି	କ	୍	ଝ	ଲ	ପ	ଣ	ଙ	ଥ
ଉ	ଷ	ସ	ଲ	ି	ୋ	ପ	ଉ	କ	ଅ	ଥ	ଅ	ଇ	ହ
ଡ	କ	ହ	ବ	କ	ଆ	ୀ	ର	ଶ	ୀ	ଚ	ଥ	ୀ	ଉ
ଉ	ଘ	ହ	େ	ଘ	ଥ	ଭ	୍	ଣ	ଆ	ା	ଅ	ଡ	ଝ
ଞ	ହ	ଡ	ଗ	ଭ	ଞ	ଣ	ା	ଟ	ଘ	ର	୍	ୁ	ଦ
ମ	ୋ	ଟ	ର	ସ	ା	ଇ	କ	େ	ଲ	ୀ	ଚ	ଗ	ଙ
ଅ	ଡ	ଆ	ବ	ଝ	ନ	ଗ	୍	ୟ	ା	ର	େ	ଜ	୍
ଡ	ନ	ହ	ୀ	ି	ଶ	୍	ଞ	ଲ	ଝ	କ	ଜ	ଆ	ୀ
ଝ	ଧ	ଭ	ଇ	ଗ	ପ	ଜ	ସ	୍	କ	ର	େ	୍	ବ
ଗ	୍	ୟ	ା	ସ	୍	ଦ	ଉ	େ	ଝ	୍	ଣ	ଗ	ଡ
ଞ	ନ	ଡ	ଆ	ଚ	କ	ଘ	ଉ	ନ	ଇ	ଟ	ଥ	ଡ	ଝ
ଙ	ଇ	ଣ	ଷ	ଆ	ଚ	ଗ	ଉ	ଟ	ଚ	ା	ଣ	ଜ	ଷ
ନ	ି	ର	ା	ପ	ତ	୍	ତ	ା	ଥ	ଝ	ଲ	ଥ	ଗ

ଦୁର୍ଘଟଣା
ବ୍ରେକସ୍
ବସ୍
କାର୍
ବିପଦ
ଇନ୍ଧନ
ଗ୍ୟାରେଜ୍
ଗ୍ୟାସ୍
ଲାଇସେନ୍ସ
ମାନଚିତ୍ର
ମୋଟର
ମୋଟରସାଇକେଲ
ପଥଚାରୀ
ପୋଲିସ
ନିରାପତ୍ତା
ବେଗ
ଟ୍ରାଫିକ୍
ଟ୍ରକ
ଟନେଲ୍

80 - Professions #2

ଉ	ଚ	ଦ	ସ	◌ା	ମ	◌୍	ବ	◌ା	ଦ	◌ି	କ	ଗ	◌ୀ
ଇ	ନ	ଭ	େ◌	ଷ	◌୍	ଟ	◌ି	ଗ	େ◌	ଟ	ର	◌୍	ହ
ଭ	ଚ	ଉ	◌ୀ	ଇ	ଚ	ଅ	ଇ	ଚ	ଭ	ଦ	ଶ	ଥ	ଲ
।	◌ା	ଗ	ଇ	ଗ	ଶ	ଟ	◌୍	ଲ	ଇ	◌ା	ପ	ଶ	ଘ
ର	◌ି	ଷ	ଭ	ୱ	ହ	◌ୀ	ଭ	ଞ	ଆ	ର	ଭ	ୱ	ଗ
◌ୀ	ଗ	ଥ	◌ା	ଘ	ର	ଫ	ର	◌ା	ଗ	◌୍	◌ୋ	ଟ	ଫ
ର	ବ	କ	ଲ	ବ	ଷ	ଦ	◌୍	ୱ	◌ୀ	ଶ	ଅ	ଷ	ଭ
େ◌	ଣ	ଉ	ଲ	ଞ	◌ି	ଚ	ଟ	ଆ	ଇ	ନ	ଜ	◌୍	ଲ
ବ	ସ	ର	◌୍	ଜ	ନ	ତ	ଣ	କ	ଡ	◌ି	ହ	ମ	ଣ
◌୍	ର	ୟ	ନ	◌ି	ଜ	◌ି	◌୍	ଞ	ଇ	କ	ଇ	◌ି	ଞ
ଇ	ଲ	ଷ	◌୍	ଟ	◌୍	ର	େ◌	ଟ	ର	ଆ	ଷ	େ◌	ଣ
◌ା	ଗ	ଥ	ଥ	ର	ଚ	ତ	ପ	◌୍	◌୍	ଗ	ଦ	କ	ଉ
ଲ	ଚ	ଇ	ୱ	ଇ	ଣ	ଉ	ଦ	◌୍	ଭ	◌ା	ବ	କ	ଙ
ଚ	◌ି	କ	◌ି	ତ	◌୍	ସ	କ	ଷ	େ◌	ବ	ଗ	ଲ	ଦ

କେମିଷ୍ଟ
ଗୁପ୍ତଚର
ଇଞ୍ଜିନିୟର
ବଗିଚା
ଇଲଷ୍ଟ୍ରେଟର
ଉଦ୍ଭାବକ
ଇନଭେଷ୍ଟିଗେଟର୍
ସାମ୍ବାଦିକ
ଲାଇବ୍ରେରୀ।
ଭାଷାବିତ୍
ପେଣ୍ଟର୍
ଦାର୍ଶନିକ
ଫଟୋଗ୍ରାଫର
ଚିକିତ୍ସକ
ପାଇଲଟ୍
ଗବେଷକ
ସର୍ଜନ

81 - Mythology

ଡ	◌ୀ	ଞ୍ଚ	◌ୀ	ଆ	ୱ	◌ା	ର	◌ି	ଅ	ର	◌୍	ା	ଣ
ଡ	ହ	ଦ	ଦ	ଣ	ର	ଚ	ଆ	ଥ	ଉ	◌ୀ	ଗ	ଗ	ଜ
ସ	ଜ	ଞ୍ଚ	ୟ	ୟ	ଯ	◌୍	ର	◌୍	ପ	◌ି	ବ	ହ	ତ
କ	◌	କ	ଭ	ଞ୍ଚ	ତ	◌ି	କ	◌	ସ	◌୍	◌ଂ	ସ	◌ୀ
ଲ	ଞ୍ଚ	ଷ	ଆ	ଡ	ଲ	ଘ	କ	େ◌	ଙ	ଆ	ୱ	ଞ୍ଚ	ନ
ଲ	ଜ	ଦ	◌୍	ଙ	◌ୀ	ହ	ଉ	ଗ	ଟ	ହ	ଆ	କ	◌୍
ଗ	ଉ	ଡ	ୱ	ଟ	ଚ	ହ	ୱ	ଞ୍ଚ	ଉ	◌ା	ଗ	ଗ	ଦ
ଜ	ଥ	ନ	◌୍	ର	◌ି	ବ	◌ି	◌ା	ଲ	ଅ	ଇ	ତ	ବ
ମ	ର	◌୍	ତ	◌୍	ତ	◌୍	ୟ	ର	ଇ	ମ	ହ	ପ	ମ
ଇ	ର	◌୍	ଷ	◌ା	କ	ଅ	ଇ	◌୍	◌ୋ	ର	ଲ	◌ା	◌୍
ଆ	ଅ	ଜ	ଷ	ଙ	ଥ	ଜ	ଲ	ଜ	ଗ	ତ	ଜ	ର	◌ି
ର	◌ା	କ	◌୍	ଷ	ସ	କ	ଙ	ବ	ଆ	◌ା	ଥ	◌୍	କ
ଦ	ଦ	ଲ	ୱ	ଭ	ଙ	ଞ୍ଚ	ଉ	ଶ	ଚ	ଭ	ଭ	ଜ	◌ୀ
ପ	◌୍	ର	ତ	◌ି	ଶ	◌ୋ	ଧ	କ	ଇ	ଇ	ଙ	ବ	ଣ

ଆର୍କେଟାଇପ୍
ଆଚରଣ
ସୃଷ୍ଟି
ସଂସ୍କୃତି
ବିପର୍ଯ୍ୟୟ
ହିରୋ
ଅମରତା
ଇର୍ଷା
ଲାବିରିନ୍ଥ
କିମ୍ବଦନ୍ତୀ
ବଜ୍ରପାତ
ରାକ୍ଷସ
ମର୍ତ୍ୟ
ପ୍ରତିଶୋଧ
ବଜ୍ର
ୱାରିଅର୍ ।

82 - Diplomacy

ଡ	କ	ଡ	ଷ	ର	ନ	ସ	ା	ଶ	ୀ	ଦ	େ	ି	ବ
ଞ	କ	ଥ	ଆ	ତ	ା	କ	ତ	ି	େ	ନ	ଡ	ୀ	ୀ
ସ	ଣ	ଉ	ୀ	ଷ	ଚ	ଷ	ହ	କ	ଚ	ଙ	ଅ	କ	ମ
ଲ	ମ	ଭ	ଇ	ୀ	ୈ	ଶ	ୁ	ଦ	କ	ଉ	ଗ	ତ	ା
ଦ	ଅ	ୁ	ଲ	ଣ	ଲ	ଗ	ଙ	ଟ	ୱ	ଜ	ଗ	ି	ନ
ୁ	ଖ	ଣ	ପ	ଶ	ଆ	ଗ	ଆ	ଙ	ୁ	ୱ	ଭ	ନ	ବ
ତ	ଣ	ନ	ଭ	ୁ	ଥ	ଲ	ଗ	ଞ	ଭ	ର	ଣ	େ	ୀ
ା	ୁ	ଧ	ୀ	ଣ	ର	ଭ	ଭ	ଙ	ା	ଘ	ଦ	ଟ	ୟ
ବ	ଡ	ା	ଗ	ତ	ଜ	ଦ	ଅ	ୱ	ଷ	ଆ	ଶ	ୁ	ଣ
ା	ତ	ା	ୈ	ଙ	ି	ଇ	ା	ଇ	ା	ଲ	ଅ	କ	ତ
ସ	ା	ମ	ଯ	ୱ	ଅ	ଙ	ଶ	ୟ	ବ	ି	ବ	ା	ଦ
ଜ	ୀ	ସ	ହ	ଚ	ି	କ	ି	ତ	ୁ	ସ	ା	ଉ	ଗ
ଷ	ଦ	ଞ	ସ	ୁ	ର	କ	ୁ	ଷ	ା	କ	ଷ	ଘ	ଉ
ପ	ର	ା	ମ	ର	ୁ	ଶ	ଦ	ା	ତ	ା	ଣ	ହ	ଶ

ପରାମର୍ଶଦାତା
ରାଷ୍ଟ୍ରଦୂତ
ସମ୍ପ୍ରଦାୟ
ବିବାଦ
ସହଯୋଗ
କୂଟନୈତିକ
ଆଲୋଚନା
ଦୂତାବାସ
ନୈତିକତା
ବିଦେଶୀ
ଶାସନ
ମାନବୀୟ
ଅଖଣ୍ଡତା
ଭାଷା
ନୀତି
ସୁରକ୍ଷା
ସମାଧାନ
ଚିକିତ୍ସା

83 - Countries #1

ଇ	ଜ	ି	ପ	୍	ଟ	ଅ	ଷ	ୀ	ମ	ଇ	ନ	ଞ	ଇ
ଭ	ଞ	ଭ	ନ	ସ	୍	ପ	େ	ନ	ୋ	ଲ	ି	ବ	ର
ଚ	ି	ଲ	ଏ	ର	ା	୍	ସ	ଇ	ର	ପ	କ	୍	ା
ୀ	ଆ	ଏ	ଶ	ୀ	ୱ	ଘ	ଜ	ଅ	ୈ	ୋ	ା	ର	କ
ଫ	ନ	ୀ	ତ	ୱ	ଇ	େ	ର	ହ	କ	ଲ	ର	ା	ୀ
ୱ	ି	ମ	ଗ	ନ	ଣ	ଶ	୍	ଡ	ୋ	ା	ଗ	ଜ	ଷ
ଙ	ମ	ନ	ଘ	ଘ	ା	ଷ	ମ	ଇ	ଙ	ଣ	ୁ	ି	ଶ
ଲ	ା	ା	ଲ	ଞ	ଞ	ମ	ା	ଇ	ହ	୍	ଆ	ଲ	କ
ା	ୋ	ା	ଗ	ା	ୀ	ଇ	ନ	ଘ	ଲ	ଡ	ଦ	ି	ଙ
ଟ	ର	ପ	ା	ହ	ଣ	ଲ	ି	ବ	ି	ୟ	ା	ା	ଇ
ଭ	ଆ	ୱ	ନ	ଥ	ଉ	୍	ୱ	ଶ	ଘ	ଘ	ଚ	ଟ	ଜ
ି	ଗ	ଶ	େ	ଭ	ଷ	ଘ	ଡ	ଥ	ୀ	ଙ	ଘ	ଇ	ୀ
ଆ	କ	ଙ	େ	କ	ା	ନ	ା	ଡ	ା	ଗ	ହ	ଲ	ୱ
ଦ	ଙ	ଥ	ସ	ଚ	ଲ	ଭ	େ	ନ	ଜ	ୁ	ଏ	ଲ	ା

ବ୍ରାଜିଲ
କାନାଡା
ଇଜିପ୍ଟ
ଫିନଲାଣ୍ଡ
ଜର୍ମାନ
ଇରାକ
ଇସ୍ରାଏଲ
ଇଟାଲି
ଲାଟଭିଆ
ଲିବିୟା
ମୋରୋକୋ
ନିକାରଗୁଆ
ନରୱେ
ପାନାମ
ପୋଲାଣ୍ଡ
ରୋମାନିଆ
ସେନେଗାଲ
ସ୍ପେନ
ଭେନଜୁଏଲା
ଭିଏତନାମ

84 - Adjectives #1

ଡ	ଷ	କ	ଙ	ଅ	ଷ	ଞ	ପ	ଡ	ତ	ଦ	ଥ	ଉ	ଭ
ବ	◌ି	ଦ	◌େ	ଶ	◌ୀ	ଙ	ନ	ର	ଧ	◌ା	◌ୁ	ନ	ଅ
ଥ	ଗ	ଉ	ଚ	◌ା	ଳ	ଡ	◌ି	◌ା	◌ି	◌ୀ	ଘ	ଣ	ଆ
କ	ମ	ଣ	କ	କ	◌ା	ପ	ର	ଦ	ନ	ଚ	ଶ	ଆ	ଧ
ଆ	◌ୁ	ଗ	ଳ	ଆ	ଭ	ର	ପ	ଉ	◌ୁ	କ	ୟ	ଆ	◌ୁ
କ	ଲ	କ	◌ା	ଶ	◌ି	ଫ	◌େ	ଆ	ଗ	ଭ	ଉ	।	ନ
ର	◌ୁ	ଝ	ତ	ଶ	ଚ	◌େ	କ	ଶ	◌ୁ	◌ୀ	ଦ	ଜ	◌ି
◌ୁ	ୟ	ସ	◌ୁ	ଧ	◌ା	କ	◌ୁ	ସ	ସ	ଥ	ଭ	ଶ	କ
ଷ	ବ	ହ	ମ	◌ୀ	◌ୁ	◌ୁ	ଷ	◌ି	ଚ	ଗ	ଥ	ଲ	ଦ
ଣ	◌ା	◌ା	କ	ର	ଚ	ଟ	◌ୀ	◌ୁ	ଶ	◌ୁ	ଘ	ଜ	ଙ
◌ୀ	ନ	ୟ	ଳ	ଣ	ଉ	।	ଘ	ଖ	ଅ	ଶ	ଚ	ହ	ଷ
ୟ	ଶ	କ	ଭ	ତ	ଗ	ମ	◌ୁ	ଭ	◌ୀ	ର	ଘ	◌ୋ	ଅ
ଦ	ଗ	ଚ	ଳ	କ	ପ	ଥ	ଇ	ଭ	ଝ	ଘ	ଭ	ଷ	ଟ
ଞ	ଇ	ଡ	ଥ	ଦ	ଉ	ଘ	ଶ	ଉ	ଦ	ଦ	ଶ	ଙ	◌ୀ

ନିରପେକ୍ଷ
ଉଚ୍ଚାଭିଳାଷୀ
ସୁଗନ୍ଧିତ
କଳାତ୍ମକ
ଆକର୍ଷଣୀୟ
ଅନ୍ଧାର
ବିଦେଶୀ
ଉଦାର
ଖୁସି
ଆକାଶ
ସହାୟକ
ସଚ୍ଚୋଟ
ବଡ
ପରିଚୟ।
ଆଧୁନିକ
ପରଫେକ୍ଟ।
ଗମ୍ଭୀର
ଧୀର
ପତଳା
ମୂଲ୍ୟବାନ

85 - Landscapes

ଙ	ଝ	ଭ	ଲ	ଶ	ଶ	ଭ	କ	ଭ	ଦ	ଅ	ଇ	ଭ	ମ
ଙ	ଚ	ଘ	ଉ	ଜ	ଜ	ଞ	◌ୋ	ଞ	ଣ	ଆ	ଜ	ଞ	◌ା
ଗ	◌ୀ	ଥ	ହ	ଆ	ଳ	ଣ	ଇ	ଲ	◌୍	◌ି	ହ	ଦ	ଉ
ନ	ଦ	◌ୀ	ଣ	କ	ଗ	◌ା	ଣ	ଡ	କ	ଫ	ଘ	ଙ	ଣ
ଓ	ଘ	ଡ	ଭ	ଥ	ଘ	ଚ	ଶ	ଣ	◌ା	◌ା	ଞ	ଷ	◌୍
ଷ	ଏ	ସ	ମ	◌ୁ	ଦ	◌୍	ର	ୟ	ୟ	ମ	ନ	ଅ	ଟ
ଘ	ଭ	ସ	ହ	ଞ	ର	ଅ	ଥ	ଅ	◌୍	◌୍	ଘ	◌ୋ	◌ୈ
ଲ	◌ୀ	ଣ	◌ି	ଗ	◌୍	ପ	ଉ	ଶ	ତ	◌ୁ	ଇ	ଥ	ନ
ଗ	◌ି	ଜ	ର	ଏ	ହ	ଝ	ଞ	ଭ	ପ	ଗ	ଘ	ଝ	◌୍
◌ୀ	ଞ	ଲ	ଥ	ଉ	ସ	◌ୀ	ଝ	ଣ	ଉ	ଭ	ଉ	ଭ	ଙ
ଶ	ଷ	ଘ	ଜ	ଲ	ଇ	◌୍	ମ	ର	◌ୁ	ଭ	◌ୁ	ମ	◌ି
ଲ	ଲ	ଡ	ଙ	ର	◌ା	ଦ	◌୍	ନ	◌୍	◌ୁ	ଟ	ହ	ଶ
ହ	ଜ	କ	ଥ	ଭ	ଭ	ପ	ଝ	◌ୀ	◌୍	ଦ	ହ	ଲ	ଚ
ଉ	ଞ	ଷ	ଗ	ଗ	ଶ	ଉ	ଇ	ଷ	◌୍	ଟ	◌ୁ	ର	◌ୀ

ଗୁମ୍ଫା
ମରୁଭୂମି
ଇଷ୍ଟୁରୀ
ଗିଜର
ହିଲ୍
ଦ୍ୱୀପ
ହ୍ରଦ
ମାଉଣ୍ଟେନ୍
ଓଏସିଏସ୍
ଉପଦ୍ୱୀପ
ନଦୀ
ସମୁଦ୍ର
ଜଳାଶୟ
ଟୁନ୍ଦ୍ରା
ଉପତ୍ୟକା
ଭୋଲକାନୋ

86 - Plants

ଶ	କ	ଉ	ଦ	ହ	ଫ	ଣ	ଙ	ଞ	ଥ	◌ୀ	ଜ	ହ	ଣ
ଘ	ହ	ଇ	ଜ	ଆ	ର	ବ	◌ି	ର	◌ି	ଘ	ଙ	ବ	କ
ଇ	◌ୀ	ଦ	ଭ	◌ି	◌୍	ଦ	ଉ	ଞ	ଜ	ଇ	◌୍	◌ି	ଷ
ପ	ତ	◌୍	ର	ଗ	ଟ	ଆ	ଉ	ଡ	ଜ	ଣ	ଗ	ଏ	ଙ
ଘ	ଥ	ଉ	ଗ	ଛ	◌ି	ଭ	ଇ	ଦ	ଡ	ଶ	ଲ	ନ	ଅ
ଥ	ଶ	ଝ	ଣ	ଉ	ଲ	ଆ	କ	ଭ	ଘ	ଡ	ଦ	◌୍	ଗ
ବ	ଙ	ଗ	ଉ	◌ି	◌ା	ବ	◌ା	ର	◌ି	ପ	◌ି	ନ	ପ
ପ	ଗ	ଷ	ଷ	ଭ	ଇ	ମ	କ	କ	ଗ	ଜ	ଦ	ଅ	ଝ
େ◌	ମ	◌ି	ଚ	ଉ	ଜ	◌ୋ	◌୍	ଫ	◌୍	ଲ	◌ୋ	ର	◌ା
ଟ	◌ୁ	ଝ	ଚ	ଇ	ର	ସ	ଟ	ଜ	ଫ	ଝ	ଆ	ଅ	ଚ
◌ା	ଲ	ଜ	ଞ	◌ା	ଣ	◌୍	ସ	କ	ଅ	◌ୁ	ଡ	ଥ	ଥ
ଲ	ଆ	ଝ	ଥ	ଞ	ଙ	ଇ	◌୍	ଗ	ଲ	◌ୀ	ଲ	ଆ	ଇ
◌୍	ଥ	ଷ	ଡ	କ	ଉ	ଦ	ଶ	ଇ	ଦ	ଷ	ଝ	ଝ	ଙ
ା	ଦ	ଥ	ଥ	ଶ	ଲ	ଷ	ଚ	ଲ	ଗ	ଡ	ଚ	ଷ	ଜ

ବାଉଁଶ
ବିଏନ୍
ବିରି
କାକ୍ଟସ୍
ଫର୍ଟିଲାଇଜର
ଫ୍ଲୋରା
ଫୁଲ
ପତ୍ର
ଜଙ୍ଗଲ
ବଗିଚା
ଆଇଭି
ମୋସ୍
ପେଟାଲ୍ |
ମୂଳ
ଗଛ
ପନିପରିବା
ଉଭିଦ

87 - Countries #2

ଆ	ଲ	ଦ	ଘ	ଦ	ଞ	ହ	ହ	ଙ	ଶ	ଥ	ଘ	ଳ	ଷ
ର	ଲ	◌ା	ଲ	ନ	ତ	◌ା	ସ	◌୍	କ	◌ି	◌ା	ପ	ଗ
◌ି	ଣ	ବ	ଇ	ଜ	ଅ	ଇ	◌ୀ	ଆ	◌ୋ	ଡ	ଡ	◌ା	କ
◌ି	ଘ	ଡ	◌ା	ବ	ଇ	ତ	ଉ	ଅ	ସ	ଇ	◌େ	◌େ	ଚ
ସ	ଇ	ଜ	◌ୀ	ନ	◌େ	◌ି	ଆ	ଭ	◌ି	ଥ	ନ	ନ	ଆ
ଗ	◌୍	ର	◌ୀ	ସ	◌ି	ର	ର	ଚ	କ	◌ି	ମ	ଗ	ଗ
◌ୀ	ଷ	ୱ	ଜ	ଇ	ଙ	ଆ	◌ି	ଡ	◌୍	ଓ	◌ା	ଭ	ଗ
ଜ	◌ା	ମ	◌ା	ଇ	କ	◌ା	ଜ	ଆ	◌େ	ପ	ର	ଶ	ଲ
ୟ	◌ୁ	କ	◌୍	ର	◌େ	ନ	◌େ	ଲ	ମ	◌ି	◌୍	ଶ	◌େ
ୱ	ୱ	ଅ	ଲ	ଲ	ଣ	ନ	ଇ	◌ି	◌ା	ଆ	କ	କ	ବ
ର	◌ୁ	ଷ	◌ି	ଆ	ଗ	ପ	◌ା	ମ	ଅ	ଓ	ଇ	ଶ	◌ା
ଇ	ଚ	ଗ	ସ	◌ୁ	ଦ	◌ା	ନ	◌ା	ଉ	ଥ	ସ	ଅ	ନ
ଉ	ଗ	◌ା	ଣ	◌୍	ଡ	◌ା	ଦ	◌ୋ	ଇ	ଲ	ଦ	◌୍	ନ
ଜ	କ	ଲ	ଥ	ଭ	ଶ	ଜ	ଡ	ସ	ଡ	ଥ	ହ	ଗ	ଙ

ଆଲବାନିଆ
ଡେନମାର୍କ
ଇଥିଓପିଆ
ଗ୍ରୀସ
ହାଇତି
ଜାମାଇକା
ଜାପାନ
ଲାଓସ୍
ଲେବାନନ
ଲାଇବେରିଆ
ମେକ୍ସିକୋ
ନେପାଳ
ନାଇଜେରିଆ
ପାକିସ୍ତାନ
ରୁଷିଆ
ସୋମାଲିଆ
ସୁଦାନ
ସିରିଆ
ଉଗାଣ୍ଡା
ୟୁକ୍ରେନ

୪୪ - Ecology

ଅ	ଆ	ଭ	ଲ	◌୍	ୟ	◌ୁ	ଣ	◌୍	ଟ	ର	◌୍	ସ	ଜ
ପ	ଘ	ଭ	ଷ	ଆ	ଅ	କ	ଉ	ଜ	ଇ	ଙ	ଞ	ଡ	◌ୀ
ବ	◌୍	ଣ	ଅ	◌ୀ	ଇ	ଣ	ଣ	କ	ହ	ଭ	ଇ	ଡ	ବ
◌ା	ଉ	ର	ଚ	ଙ	ଗ	ଆ	ତ	ଚ	ଞ	ଦ	ସ	ଶ	ଜ
ସ	ତ	◌ା	◌ା	ଜ	ଳ	ବ	◌ା	ୟ	◌ୁ	ଶ	ମ	ଜ	ନ
ସ	◌୍	ଲ	◌୍	କ	ୱ	◌ୀ	ଧ	ଞ	ଞ	ଣ	◌୍	ହ	◌୍
◌୍	ସ	◌ୋ	ଞ	ର	◌	ଶ	ବ	ଅ	ଅ	ଭ	ପ	ଆ	ତ
ଥ	ଗ	◌୍	ବ	◌ି	ଣ	ତ	◌ି	କ	◌	ର	◌୍	ପ	◌ୁ
◌ା	◌ୁ	ଫ	ଡ	ଦ	ଦ	ଭ	◌ି	◌୍	ଦ	ଉ	ର	ଜ	ଡ
ନ	ଡ	◌ୀ	ଉ	◌୍	ଆ	◌ୀ	ବ	କ	ଞ	ଦ	ଦ	ଦ	◌ୀ
ଡ	◌ି	◌ୀ	ଭ	ମ	ଲ	ଙ	ଇ	ହ	ହ	ଇ	◌ା	ଥ	ଅ
ଗ	କ	ଶ	ଲ	◌ୁ	ଙ	ଘ	ଚ	ଡ	ଲ	ୱ	ୟ	ଙ	ଥ
ଉ	ଲ	◌୍	ବ	◌ା	ଲ	◌ୋ	◌୍	ଗ	ଞ	ଜ	ହ	ଣ	ଚ
ଚ	ଦ	ଦ	ଗ	ସ	ଶ	କ	ୱ	ଗ	ୱ	ଭ	ଶ	ହ	ଇ

ଜଳବାୟୁ
ସମ୍ପ୍ରଦାୟ
ବିବିଧତା
ଜୀବଜନ୍ତୁ
ଫ୍ଲୋରା
ଗ୍ଲୋବାଲ୍
ବାସସ୍ଥାନ
ସାମୁଦ୍ରିକ
ପ୍ରାକୃତିକ
ପ୍ରକୃତି
ଉତ୍ସଗୁଡିକ
ବଞ୍ଚାଅ
ଉଦ୍ଭିଦ
ଭଲ୍ୟୁଣ୍ଟର୍ସ

89 - Adjectives #2

ପ	◌୍	ର	◌ା	ମ	◌ା	ଣ	◌ି	କ	ଚ	ଜ	ଘ	ଲ	ଉ
ପ	◌୍	ର	◌ା	କ	◌ୃ	ତ	◌ି	କ	ଇ	ଘ	ଦ	ଷ	ତ
ଉ	ତ	◌୍	ପ	◌ା	ଦ	ଆ	ଗ	◌୍	ର	ହ	ୱ	ଚ	◌୍
ଜ	ବ	କ	ଶ	ଞ	ତ	ଘ	ଉ	ଘ	ଚ	ଥ	ଜ	ଡ	ତ
ଙ	◌ି	ଘ	ଉ	ଲ	◌ା	ଆ	◌ୂ	ନ	ହ	ସ	ହ	ଗ	ର
◌୍	◌୍	ଆ	ଧ	ଗ	ନ	◌ା	ଣ	ଣ	◌୍	◌୍	ର	ବ	ଦ
ଗ	ର	ଅ	ଦ	ଜ	ହ	ଦ	ନ	◌ି	ଙ	◌ୁ	◌ା	ଅ	◌ା
ଲ	ଗ	ଦ	◌୍	ଚ	◌ୀ	ହ	◌ା	ଷ	◌ୁ	ସ	ହ	ସ	ୟ
◌ୀ	ଇ	ଡ	ସ	ଅ	ର	ଡ	ଟ	ହ	ହ	ଲ	ପ	◌ୁ	◌ୀ
ଶ	◌ୁ	ଖ	◌ି	ଲ	◌ା	।	କ	ଣ	ହ	◌ା	ଉ	ନ	।
ଥ	ଞ	ଶ	ର	ଷ	ଦ	ଚ	◌ୀ	ଷ	ଚ	କ	ଘ	◌୍	ଞ
ଣ	ଲ	ଷ	◌୍	ଶ	◌୍	ଭ	ୟ	ଦ	ଥ	◌ି	◌ୀ	ଦ	କ
ଡ	ଇ	ଚ	ପ	ଟ	◌ି	ଷ	◌୍	◌	ସ	◌ୋ	ଷ	ର	◌ୀ
ଭ	ଭ	ଡ	ଭ	ଗ	ନ	ଗ	ଙ	ଉ	ଜ	ଭ	ଚ	ଙ	ଶ

ପ୍ରାମାଣିକ
ସୃଷ୍ଟି
ବର୍ଣ୍ଣନା
ନାଟକୀୟ
ଶୃଙ୍ଖଳା ।
ସୁନ୍ଦର
ପ୍ରସିଦ୍ଧ
ଉପହାର
ସୁସ୍ଥ
ଭୋକିଲା
ଆଗ୍ରହ
ପ୍ରାକୃତିକ
ନୂଆ
ଉତ୍ପାଦ
ଗର୍ବିତ
ଉତ୍ତରଦାୟୀ ।
ଲୁଣିଆ
ନିଦ୍ରାହୀନତା
ଜଙ୍ଗଲୀ

90 - Psychology

ଉ	ଲ	ଘ	ଦ	ଥ	ଭ	ଉ	ସ	ଚ	ମ	ଣ	ବ	ପ	ଣ
ଉ	ଜ	ଜ	ଅ	ଣ	ଘ	ତ	ମ	◌ି	◌ୁ	ଆ	◌ା	◌ି	ଣ
ଡ	ଥ	ଦ	ଗ	ଥ	ଥ	◌ୀ	◌ୁ	ନ	ଲ	ଚ	ସ	ଲ	ଚ
ଅ	କ	ଆ	ୱ	ଅ	ଅ	ଚ	ବ	◌ୁ	◌ୁ	ର	◌ୁ	◌ା	ଭ
ଡ	◌ୁ	ସ	◌ଂ	କ	େ◌	ତ	େ◌	ତ	ୟ	ଣ	ତ	ଦ	ଦ
ବ	ନ	ଲ	ହ	ତ	ଜ	ଗ	ଦ	◌ା	◌ା	ଉ	ବ	◌ି	କ
ପ	◌ି	ର	◌ା	େ◌	ଥ	ଅ	ନ	ଧ	ଙ	ଣ	ତ	ନ	ଥ
◌ୀ	ଲ	ବ	ଅ	ଚ	ଧ	ବ	ଶ	◌ା	◌ୁ	ଞ	◌ା	◌ୀ	ହ
ଉ	◌ି	ଶ	◌ା	ଅ	◌ା	ଚ	◌ୀ	ର	କ	ହ	କ	ଗ	◌ୀ
ଉ	◌ୁ	ଇ	ୱ	ଦ	ର	େ◌	ଲ	◌ା	ନ	ଷ	ଡ	ଶ	ଜ
ଆ	କ	ଙ	ଥ	ଥ	ଣ	ତ	ତ	ଅ	ହ	◌ଂ	କ	◌ା	ର
ଲ	ଘ	ଣ	ଙ	ଞ	◌ା	ନ	◌ା	ଭ	ଷ	ଶ	ଅ	ଘ	ଗ
ବ	◌ୁ	ୟ	କ	◌ୁ	ତ	◌ି	ତ	◌ୁ	ୱ	ଡ	ଡ	ଜ	ଥ
ଣ	ହ	ଭ	ଅ	ଇ	ଣ	ଗ	ଘ	ଣ	ଇ	◌ୀ	ଲ	ଣ	ୱ

ମୂଲ୍ୟାଙ୍କନ
ଆଚରଣ
ପିଲାଦିନ
କ୍ଲିନିକ୍
ସଂକେତ
ବିବାଦ
ଅହଂକାର
ଧାରଣା
ବ୍ୟକ୍ତିତ୍ୱ
ବାସ୍ତବତା
ସମ୍ବେଦନଶୀଳତା
ଅବଚେତନ
ଥେରାପି
ଚିନ୍ତାଧାରା
ଅଚେତ

91 - Math

ଡ	ଙ	ଞ	ଇ	ଭ	ଲ	ସ	ବ	ଇ	ଆ	ଉ	ଆ	ଆ	ଞ
ଧ	◌ି	◌ି	ର	ପ	ଞ	ମ	◌ି	ଉ	ଙ	ଘ	ୟ	ର	କ
ଭ	◌ୀ	ଇ	ଶ	ଥ	ଣ	◌ୀ	ଭ	ଚ	ଅ	ଞ	ତ	◌ି	ଲ
ଥ	ଗ	ଘ	ସ	ଣ	◌ୋ	କ	◌ା	ଆ	ଶ	ଶ	କ	ଥ	ଥ
ହ	ପ	◌୍	ଅ	◌ି	ଜ	ର	ଜ	ଶ	ଗ	ଦ	◌୍	ମ	ୱ
ଗ	ଲ	ଡ	ନ	◌ୀ	ଆ	ଣ	ନ	ଇ	ହ	ଞ	ଷ	◌େ	ଦ
ଘ	◌ି	ଦ	ଣ	◌ା	ଜ	ଇ	ବ	ଭ	ଭ	ହ	◌େ	ଟ	ଭ
ଭ	ଗ	◌୍	ର	ବ	◌ଂ	ଅ	ଏ	◌୍	◌ୀ	ଦ	ତ	◌ି	ଲ
ଗ	ନ	ଶ	ଅ	ଥ	ଆ	ଶ	ଆ	ମ	ୟ	ଇ	◌୍	କ	◌୍
ଙ	◌୍	ତ	◌୍	ର	◌ି	କ	◌ୋ	ଣ	ଏ	◌ା	ର	◌୍	ୟ
ଟ	ଣ	◌୍	ନ	◌େ	ପ	◌ୋ	ସ	◌୍	କ	ଏ	ସ	।	◌୍
ସ	ମ	◌ା	ନ	◌୍	ତ	ର	◌ା	ଲ	ଣ	ଦ	ଲ	ଣ	ମ
ଶ	ଅ	ଜ	◌ି	ଓ	ମ	◌େ	ଟ	◌୍	ର	◌ି	ଥ	ଣ	◌୍
ସ	◌ି	ମ	◌େ	ଟ	◌୍	ର	◌ି	ଶ	ୱ	ଚ	ଚ	ଚ	ଥ

କୋଣ
ଆରିଥମେଟିକ୍ |
ପରିଧି
ଡିଇସିଆଇଏମଏଏଲ
ବ୍ୟାସ
ବିଭାଜନ
ସମୀକରଣ
ଏକ୍ସପୋନେଣ୍ଟ
ଭଗ୍ନାଂଶ
ଜିଓମେଟ୍ରି
ସମାନ୍ତରାଳ
ପଲିଗନ୍
ଆୟତକ୍ଷେତ୍ର
ବର୍ଗ
ସିମେଟ୍ରି
ତ୍ରିକୋଣ
ଭଲ୍ୟୁମ୍

92 - Business

ମ	◌ୁ	ଦ	◌୍	ର	◌ା	ଅ	ନ	◌ି	ବ	◌େ	ଶ	କ	ଣ
ନ	ଶ	ଦ	ଡ	ଞ୍ଚ	ୱ	ଘ	ର	ସ	କ	ଲ	ଅ	ଭ	ଅ
କ	ଳ	ଚ	◌ା	◌ି	ର	ପ	ୟ	◌୍	ଦ	ଘ	ଓ	ଞ୍ଚ	ଷ
◌ା	ର	ଣ	ଞ୍ଚ	◌ୀ	ଅ	ଶ	ର	◌ି	ଥ	ସ	ଥ	ହ	କ
◌ୋ	ଟ	◌୍	◌େ	ଜ	ବ	ଗ	◌ି	ଫ	ଞ୍ଚ	ନ	ଭ	ଥ	ଅ
ଦ	ଶ	ଶ	ମ	ଣ	ହ	ଭ	ୟ	ଅ	ଲ	◌୍	◌ୀ	ଚ	ଡ
◌ୀ	ଆ	ଇ	ଷ	ଚ	ଲ	ଥ	◌ା	କ	ଆ	ନ	ଚ	ତ	ନ
ଚ	ହ	ଣ	ଚ	ଡ	◌ା	ଜ	◌୍	◌ା	ବ	◌ା	କ	◌ି	◌ି
ଙ	◌ା	ଚ	ଷ	ଗ	ଣ	ର	କ	ର	◌ି	ଇ	ମ	ହ	ପ
ଶ	ଗ	କ	ୱ	ଥ	ଇ	ଗ	◌ୀ	ଖ	କ	◌ା	◌ୁ	◌ା	◌ା
ଡ	ଚ	ଆ	◌ି	ଗ	ଶ	ଇ	ଚ	◌ା	◌୍	ଫ	ଲ	◌ି	◌୍
ଭ	ଜ	ଷ	ଦ	ର	ଲ	◌ୀ	ୱ	ନ	ର	କ	◌୍	ର	ମ
ଟ	ଙ	◌୍	କ	◌ା	◌ୀ	ଞ୍ଚ	ଘ	◌ା	ୟ	ଞ୍ଚ	ୟ	ଦ	କ
ମ	ର	◌୍	ଚ	◌ା	ଣ	◌୍	ଡ	◌ା	ଇ	ଜ	◌୍	ଦ	ଞ୍ଚ

ବଜେଟ୍
କ୍ୟାରିୟର
କମ୍ପାନି
ମୂଲ୍ୟ
ମୁଦ୍ରା
ରିହାତି
ଅର୍ଥନୀତି
କର୍ମଚାରୀ
ଚାକିରୀ
କାରଖାନା
ଫାଇନାନ୍ସ
ନିବେଶ
ପରିଚାଳକ
ମର୍ଚାଣ୍ଡାଇଜ୍
ଟଙ୍କା
ଅଫିସ୍
ବିକ୍ରୟ
ଦୋକାନ
କର

93 - The Company

ଭ	ଲ	ଙ	ଦ	ଗ	◌ୀ	ଲ	ଅ	ଉ	ଉ	ଇ	ଜ	ର	ଲ
ଆ	ଜ	କ	ଗ	ଷ	ଗ	ଘ	ଷ	ଶ	ଗ	ଦ	ଶ	◌ା	ଶ
ଙ	ହ	ଙ	ବ	ଚ	ଣ	ଜ	ଶ	◌ୀ	ଦ	◌ୀ	ଲ	ଜ	ଗ
ଥ	ଭ	ତ	ନ	◌ା	ବ	ଭ	◌ା	◌ୁ	ମ	ସ	ଅ	ସ	କ
ବ	ୱ	ଟ	◌ି	ଷ	◌ୁ	◌	ସ	ନ	ନ	ଗ	ଉ	◌ୁ	ଆ
ଶ	◌ୁ	ଞ	ଭ	ଗ	ଥ	କ	ଅ	◌ି	◌ା	◌ୀ	ତ	ୱ	ଷ
କ	ଡ	ୟ	ଅ	◌ୃ	ର	ଉ	ଆ	ଷ	ପ	ଳ	◌ୁ	◌ି	ଶ
ଚ	ଦ	ଦ	ବ	ଣ	ହ	◌ୁ	ଦ	◌ୁ	ଥ	◌ୀ	ସ	ଞ	ଆ
ଅ	◌ା	ଲ	ଆ	ସ	ଉ	ଇ	ପ	ପ	◌ା	ୱ	ଗ	ଞ	ଉ
ଦ	ଙ	କ	ଉ	ଣ	◌ା	ଅ	◌ା	ତ	◌ୁ	ଷ	◌ୃ	ଜ	କ
ଚ	କ	ଦ	◌ି	ଗ	ହ	ୟ	◌ୁ	◌ୁ	ସ	ଲ	ଡ	ଆ	ୱ
ଦ	ଚ	ଡ	ଚ	ର	ଶ	ଗ	ତ	ତ	ପ	ଘ	◌ି	ଡ	ଞ
ନ	◌ି	ବ	େ◌	ଶ	◌ୀ	ଡ	ଉ	◌ି	ଉ	ଲ	କ	ହ	ଉ
ଗ	◌ୁ	ଲ	ୋ	ବ	◌ା	ଲ	◌ୁ	ଷ	କ	ଗ	ଗ	ଶ	ଙ

ବ୍ୟବସାୟ
ସୃଷ୍ଟି
ନିଷ୍ପତ୍ତି
ଚାକିରୀ
ଗ୍ଲୋବାଲ୍
ଶିଳ୍ପ
ଅଭିନବ
ନିବେଶ
ସମ୍ଭାବନା
ଉପସ୍ଥାପନା
ଉତ୍ପାଦ
ପ୍ରଗତି
ଗୁଣ
ଉତ୍ସଗୁଡିକ
ରାଜସ୍ୱ

94 - Literature

କ	ଉ	◌ୀ	ଆ	ଝ	ଙ	ଗ	ଅ	◌ୀ	ଅ	ଚ	ର	କ	ଝ
ଇ	ଲ	ମ	େ◌	ଟ	◌ା	ଫ	େ◌ା	ର	।	ବ	◌ା	ୟ	ଡ
ବ	ଭ	◌ୁ	ଝ	ଲ	ଝ	◌ୀ	ଘ	କ	ଉ	◌ି	ଇ	◌ି	ଡ
ଉ	ର	ଷ	ପ	ଣ	ଣ	ଜ	ଥ	ଷ	ପ	ଶ	ମ	ବ	◌ୀ
ପ	ଡ	◌ୁ	ଦ	ନ	◌ା	ଲ	◌୍	ତ	ନ	◌ୁ	◌ୁ	◌ୁ	ହ
ସ	ଞ	ଜ	ଣ	ତ	◌ା	◌ି	ବ	କ	◌ୁ	ଲ	ତ	◌ା	ଲ
◌ଂ	ଝ	ଆ	ଅ	◌ୁ	ଥ	◌ି	ମ	◌ୁ	ୟ	େ◌	ମ	କ	◌ୀ
ହ	ଞ	ଲ	ଆ	ନ	ଣ	ଭ	ଆ	ଚ	◌ା	ଷ	◌ା	ଇ	େ◌
◌ା	◌ୀ	ଇ	ଗ	◌ୀ	◌୍	ନ	ଗ	ଆ	ସ	ଣ	ତ	ଭ	ଶ
ର	ଦ	◌ୀ	ଉ	ବ	ଦ	ର	◌ା	ଚ	ଣ	ଇ	ମ	ଗ	ଅ
ଥ	ହ	ଗ	ଅ	◌ୀ	ଷ	ଭ	◌୍	ଙ	ଙ	ଥ	ଝ	ଆ	ଆ
ଥ	ଙ	ଅ	ଡ	ଜ	ଲ	ଘ	ଘ	ପ	ଞ	ଡ	ଆ	ଦ	ଷ
ଟ	◌ୁ	ର	◌ା	ଜ	େ◌	ଡ	◌ି	ଙ	ତ	ଲ	େ◌	ଖ	କ
ସ	◌ଂ	ଲ	◌ା	ପ	ନ	ୟ	◌ା	ଖ	◌ୁ	◌ା	ପ	ଉ	ଆ

ଅନୁରୂପତା
ବିଶ୍ଳେଷଣ
ଉପାଖ୍ୟାନ
ଲେଖକ
ଜୀବନୀ
ତୁଳନା
ଉପସଂହାର
ବର୍ଣ୍ଣନା
ସଂଳାପ
କଳ୍ପନା
ମେଟାଫୋର।
ଉପନ୍ୟାସ
ମତାମତ
କବିତା
କାବ୍ୟିକ
ରାଇମ୍
ତାଳ
ଶୈଳୀ
ଥିମ୍
ଟ୍ରାଜେଡି

95 - Geography

କ	ଡ	ଶ	ମ	◌ା	ଘ	◌ି	ର	◌ା	◌୍	ଦ	ଦ	େ◌	ଶ
ଷ	ଳ	ଭ	ଘ	ହ	ଶ	ୱ	ଅ	ଘ	ଚ	ଆ	ଦ	ଜ	ଷ
ଟ	ଚ	ଇ	◌ୀ	ତ	◌ା	ଚ	◌୍	ଚ	ଉ	ନ	ଦ	◌ୀ	ଥ
ସ	◌୍	◌ା	ଲ	ଟ	ଆ	ଦ	ଘ	ୱ	ଶ	◌୍	◌ି	ବ	ଇ
ଡ	ଞ୍ଚ	ର	ଦ	ଚ	ଭ	ଘ	େ◌	ଭ	ଉ	ଆ	କ	ଗ	ଡ
ଉ	ଅ	ଦ	ପ	◌୍	ଦ	ଥ	ହ	ଶ	ଶ	ଡ	ନ	ଜ	ଧ
ଇ	ଇ	◌୍	ଉ	◌ି	ୱ	ଭ	ଆ	ଣ	ଷ	◌ି	◌୍	କ	ଦ
ଘ	କ	◌୍	ଷ	◌ୀ	କ	◌ୀ	ଡ	ଇ	◌ା	ର	ଟ	ଞ୍ଚ	◌୍
ଗ	କ	ମ	ଡ	ଭ	ଶ	◌୍	ପ	ଜ	◌ଂ	◌ି	େ◌	◌ୀ	ର
ଉ	ଞ୍ଚ	ସ	ଘ	ଅ	ଅ	ଥ	ସ	ଥ	◌୍	େ◌	ଣ	ଘ	◌୍
ଇ	ପ	ଶ	◌୍	ଚ	◌ି	ମ	ଷ	ଉ	କ	ମ	◌୍	ଣ	ଳ
ହ	ଡ	ଉ	ତ	◌୍	ତ	ର	ଙ	ଶ	ଅ	ଆ	ଉ	ଜ	◌ା
ଚ	ଷ	କ	ହ	ଜ	ର	ତ	◌୍	ଚ	◌ି	ନ	◌ା	ମ	େ◌
ଆ	ଜ	ଭ	ଞ୍ଚ	ଭ	କ	ଥ	ଅ	ଅ	ଙ	ଚ	ମ	ଦ	ଗ

ଉଚ୍ଚତା
ଆଟଲାସ୍
ମହାଦେଶ
ଦେଶ
ଗୋଲାର୍ଦ୍ଧ
ଦ୍ୱୀପ
ଅକ୍ଷାଂଶ
ଦ୍ରାଘିମା
ମାନଚିତ୍ର
ମେରିଡିଆନ୍
ମାଉଣ୍ଟେନ୍
ଉତ୍ତର
ଅଞ୍ଚଳ
ନଦୀ
ସମୁଦ୍ର
ଦକ୍ଷିଣ
ଟ୍ରପିକ୍ସ
ପଶ୍ଚିମ
ବିଶ୍ୱ

96 - Jazz

ହ	ା	ଗ	କ	ଳ	ା	କ	ା	ର	ଙ	ଇ	ଆ	ୱ	ଣ
ଦ	ଞ	ଶ	ଶ	ଞ	ଘ	ଡ	କ	ଭ	ଜ	ଣ	ଲ	ଚ	ଚ
ଅ	ର	୍	କ	େ	ଷ	୍	ଟ	୍	ର	ା	ବ	କ	ଶ
ସ	ଂ	କ	ଳ	ନ	ପ	ଆ	ଜ	ଶ	କ	ର	ମ	ନ	ଲ
ଶ	।	ୱ	ଆ	ଗ	୍	ଲ	ଶ	େ	ଜ	ୁ	୍	ସ	ଜ
ପ	କ	ଶ	ୀ	ଆ	ର	ଭ	ଜ	ଳ	ଗ	ୁ	ଞ	ର	ଲ
ଣ	୍	ୀ	ଥ	ଟ	ତ	ଞ	ଉ	ୀ	ୁ	ପ	ପ	୍	ଭ
ଇ	ଜ	ର	ଶ	ଉ	ି	ଭ	ଜ	ଲ	ର	ଘ	ସ	ଟ	ଚ
ୱ	ି	କ	ସ	ଇ	ଭ	ଅ	ଉ	୍	ୁ	ୱ	ନ	ଦ	ଉ
ଦ	ୟ	ଅ	ୌ	ି	ା	ଶ	ଳ	ା	ତ	ଘ	୍	ଲ	ୱ
ୀ	ୁ	ଲ	ଗ	ଶ	ଦ	ୀ	ଆ	ନ	୍	ଗ	ଦ	ଚ	ଉ
ଷ	୍	ୱ	ଜ	ଣ	ଳ	୍	ଣ	ୂ	ୱ	ତ	ୀ	ଗ	ଆ
ଥ	ମ	କ	ଦ	ଷ	ଅ	କ	ଧ	ଆ	ଅ	ଣ	ୀ	ଂ	କ
କ	ମ	୍	ପ	ୋ	ଜ	ର	ଆ	ଷ	ଘ	କ	ଚ	ଡ	ସ

ଆଲବମ୍
କଳାକାର
କମ୍ପୋଜର
ସଂକଳନ
କନସର୍ଟ
ଗୁରୁତ୍ୱ
ପ୍ରସିଦ୍ଧ
ପସନ୍ଦ
ମ୍ୟୁଜିକ୍ ।
ସଂଗୀତଜ୍ଞ
ନୂଆ
ପୁରୁଣା
ଅର୍କେଷ୍ଟ୍ରା
ତାଳ
ଗୀତ
ଶୈଳୀ
ପ୍ରତିଭା
କୌଶଳ

97 - Nature

ଶ	ମ	ଗ	ଜ	ଙ	◌ୁ	ଗ	ଲ	◌ୀ	ଚ	ଅ	ଷ	କ	ଙ
ଗ	◌ା	ର	◌ୁ	ତ	ପ	ଙ	ଦ	ଦ	ଣ	ଭ	ଜ	ଅ	ଙ
ଦ	ଥ	ନ	◌ୁ	ଲ	ଗ	◌ୁ	ଙ	ଜ	ଙ	ୟ	ଣ	ଲ	ଶ
ଇ	ଉ	ଥ	◌ୁ	ଭ	େ◌	କ	ଆ	ଚ	ଢ	◌ା	ଥ	ଶ	ହ
ହ	ଅ	ଢ	ଞ	ତ	◌	ସ	ଶ	ଅ	ଗ	ର	ଚ	ୟ	ଗ
ଜ	ଇ	ଢ	ଦ	ଇ	◌ି	ମ	◌ି	ହ	ଜ	ଣ	ଷ	ଯ	ଇ
ନ	ଦ	◌ୀ	ହ	ଗ	ଚ	ପ	◌ି	ୟ	ଷ	◌ୁ	ହ	◌ୁ	ଙ
େ◌	ଭ	ଡ	ଶ	ଅ	ଚ	ଶ	◌ୁ	ଘ	ର	ୟ	ଇ	ର	ଡ
ମ	ଉ	◌	କ	◌ୁ	ଷ	ୟ	ଇ	ର	ଶ	◌ା	ନ	◌ୁ	ତ
◌ା	ଇ	◌ି	ଥ	◌ୀ	ଷ	ଉ	ଗ	ଞ	◌ୁ	◌ୀ	ଶ	ଦ	କ
◌ୁ	ମ	ହ	◌ୁ	ମ	◌ା	ଛ	◌ି	ଗ	ଦ	ଣ	ଇ	ନ	ଭ
ଶ	◌ୀ	◌ୁ	ଟ	◌ୁ	ର	ପ	◌ି	କ	◌ା	ଲ	◌ୁ	◌ୁ	ଞ
ପ	ଜ	◌ୁ	ଦ	ଗ	ତ	◌ି	ଶ	◌ୀ	ଲ	ଢ	ଇ	େ◌ୗ	ଗ
ଷ	ହ	କ	◌ୁ	ଟ	◌ି	କ	◌ୁ	ର	ଆ	ଢ	ଚ	ସ	କ

ପଶୁମାନେ
ଆର୍କଟିକ୍
ସୌନ୍ଦର୍ଯ୍ୟ
ମହୁମାଛି
ମରୁଭୂମି
ଗତିଶୀଳ
କ୍ଷୟ
କୁହୁଡ଼ି
ପତ୍ର
ଜଙ୍ଗଲ
ଗ୍ଲେସିୟର
ଶାନ୍ତିପୁର୍ଣ
ନଦୀ
ଅଭୟାରଣ୍ୟ
ଶାନ୍ତ
ଟ୍ରପିକାଲ୍
ଜଙ୍ଗଲୀ

98 - Championship

ଟ	ଉ	ବ	ଣ	ଚ	ଆ	ଗ	ଡ	ଲ	ଥ	ଲ	ଫ	ଚ	ପ
ଚ	◌ୁ	ଭ	◌ି	ଜ	ଥ	ଜ	ଦ	ଅ	ନ	ଭ	◌ା	◌ା	◌୍
◌ା	ୱ	ର	ପ	ଚ	◌୍	◌ୋ	କ	ୱ	◌୍	ଇ	ଇ	ମ	ର
ମ	ଉ	ଉ	◌୍	ଦ	◌ା	ଞ	ଣ	ଦ	ସ	ଇ	ନ	◌୍	◌େ
◌୍	◌ୀ	ଡ	ଗ	ନ	କ	ର	ଗ	ଦ	ର	ଜ	◌ା	ପ	ର
ପ	ଲ	◌ି	ଗ	◌୍	◌ା	ୱ	ପ	ହ	◌େ	◌ି	ଲ	◌ି	ଣ
◌ି	ଉ	ଘ	ଲ	ଘ	ଜ	ମ	ଜ	ତ	ପ	ଟ	◌ି	ୟ	◌ା
ଅ	କ	ଡ	◌ି	ଗ	◌ୁ	ଳ	◌େ	ଖ	◌ି	◌େ	ଷ	ନ	ଲ
ନ	ଇ	ଶ	ଗ	ଦ	କ	ଘ	ଉ	ଣ	ସ	ର	◌୍	ଶ	ବ
◌୍	ଅ	ଷ	ଘ	ଳ	ଞ	ଜ	ଷ	ଆ	◌୍	◌ା	ଟ	◌ି	◌ି
ସ	◌୍	ପ	◌ୋ	ର	◌୍	ଟ	ସ	◌୍	◌୍	ଟ	ଦ	ପ	ଜ
ଘ	ଅ	ଘ	କ	ଉ	ଗ	ଶ	ଙ	ଦ	ର	◌୍	ଞ	◌୍	ୟ
ଡ	ଘ	ଆ	ଇ	ଭ	ଥ	ଲ	ଚ	ଇ	ପ	◌୍	ଚ	କ	ଅ
ପ	ର	ଫ	ର	◌୍	ମ	◌ା	ନ	◌୍	ସ	ଷ	ଭ	ଞ	ଦ

ଚାମ୍ପିଅନ୍
ଚାମ୍ପିୟନଶିପ୍
କୋଚ୍
ଫାଇନାଲିଷ୍ଟ
ଖେଳଗୁଡିକ
ବିଚାରପତି
ଲିଗ୍
ପଦକ

ପ୍ରେରଣା
ପରଫର୍ମାନ୍ସ
ପର୍ସ୍ପିରେସନ୍
ସ୍ପୋର୍ଟସ୍
ଷ୍ଟ୍ରାଟେଜି
ଦଳ
ଟୁର୍ନାମେଣ୍ଟ
ବିଜୟ

99 - Vacation #2

ଆ	ଭ	ବ	◌ୁ	◌୍	ମ	ତ	କ	ଜ	ଗ	ଆ	ହ	ଚ	ପ
ଚ	ଆ	◌ି	ହ	◌ୋ	ଟ	◌େ	ଲ	ଅ	ଣ	ଜ	ଡ	ଚ	◌ା
ଲ	କ	ମ	ଲ	ସ	◌ା	ମ	◌୍	ବ	◌ା	ଦ	◌ି	କ	ସ
ଇ	ଡ	◌ା	ଦ	କ	ମ	◌ା	ନ	ଚ	◌ି	ତ	◌୍	ର	ପ
ଫ	ଙ	ନ	ଣ	ଣ	◌୍	ଣ	ଶ	ଞ	ଉ	ଅ	ଗ	ଥ	◌େ
ଟ	ହ	ବ	ଙ	ଜ	ଆ	ଷ	ଲ	ଙ	ୱ	ଷ	ଭ	ଆ	ର
◌ୋ	◌ୀ	ନ	ଥ	ସ	◌ି	କ	◌୍	ୟ	◌ା	◌୍	ଟ	ଆ	◌୍
ହ	ଥ	◌୍	ପ	◌ି	◌ଂ	ମ	◌୍	ୟ	◌ା	◌୍	କ	ଲ	ଟ
ଶ	◌ୀ	ଦ	◌େ	◌ି	ବ	ଙ	ଦ	ଞ	ସ	ଭ	◌ି	ସ	◌ା
ଲ	ଗ	ର	ଦ	◌୍	◌ୁ	ମ	ସ	◌୍	ହ	◌୍	କ	ଶ	ଚ
ଅ	ବ	କ	◌ା	ଶ	ଅ	ଥ	ଶ	ଭ	ୱ	ହ	ଥ	ହ	ଭ
ସ	ମ	◌ୁ	ଦ	◌୍	ର	କ	◌ୂ	ଲ	◌ୀ	◌ୀ	ଗ	ଲ	ହ
ଚ	ଦ	ଘ	ଚ	ଲ	ହ	ଞ	ଅ	ଲ	ୱ	ଭ	ପ	କ	ଗ
ର	◌େ	ଷ	◌୍	ଟ	◌ୁ	ର	◌ା	ଣ	◌୍	ଟ	ଚ	ଅ	ୱ

ବିମାନବନ୍ଦର
ସମୁଦ୍ର କୂଳ
କ୍ୟାମ୍ପିଂ
ଲକ୍ଷ୍ୟସ୍ଥଳ
ବିଦେଶୀ
ହୋଟେଲ
ଦ୍ୱୀପ
ସାମ୍ବାଦିକ
ଅବକାଶ
ମାନଚିତ୍ର
ପାସପୋର୍ଟ
ଫଟୋ
ରେଷ୍ଟୁରାଣ୍ଟ
ସମୁଦ୍ର
ଟ୍ୟାକ୍ସି
ତମ୍ବୁ
ଭିସା

100 - Electricity

ବ	ଚ	ଶ	ଭ	ଞ	ଦ	ଅ	ଗ	ଓ	ଭ	ନ	ଚ	ଜ	ଓ
ହ	ସ	◌ୁ	ଭ	ଡ	ଜ	ଗ	ଇ	ଝ	ଇ	◌ୁ	ଷ	ଶ	ଅ
ଘ	ଞ	◌ୁ	ମ	ଶ	ଦ	େ◌	ଆ	ଷ	ଡ	ଫ	ଣ	ଙ	ହ
ଙ	ର	◌ା	ତ	◌ୁ	ଲ	ଜ	ନ	ହ	ଆ	◌ୌ	ଜ	ଶ	ଓ
ଗ	ଙ	ଅ	ଦ	◌ୁ	ବ	ଶ	ଝ	େ◌	ଞ	ଲ	◌ୁ	ଞ	ଘ
◌ୀ	ଦ	ଞ	ଡ	ଝ	ଗ	କ	ଭ	ଭ	ର	◌ି	ର	ହ	ନ
ଅ	◌ୀ	ଲ	କ	ଗ	ଦ	◌ୁ	ଷ	ଇ	ଚ	େ◌	େ◌	ଶ	କ
ଓ	ଭ	ଚ	ଘ	ଓ	ଥ	ଗ	ଡ	ହ	ଭ	ଟ	ଟ	ଞ	◌ା
ଟ	େ◌	ଲ	◌ି	ଭ	◌ି	ଜ	ନ	◌ି	ଥ	ଲ	◌ୌ	ର	ର
ଲ	◌ୁ	ୟ	◌ା	ମ	◌ୁ	ପ	ଗ	ଅ	କ	ଭ	◌ୁ	ଦ	◌ା
ବ	େ◌	ଦ	◌ୁ	ୟ	◌ୁ	ତ	◌ି	କ	◌ୀ	ଷ	ଷ	ଜ	ତ
ଞ	ଅ	ଆ	ଘ	ଆ	କ	◌ୁ	ୟ	◌ା	ବ	ଲ	◌ୁ	।	◌ୁ
◌ୀ	ପ	◌ୌ	ଜ	◌ି	ଟ	◌ି	ଭ	◌ୁ	।	ଲ	ଝ	ଭ	ମ
ବ	◌ୁ	ୟ	◌ା	ଟ	େ◌	ର	◌ୀ	ଙ	ଜ	ଞ	ହ	ଡ	କ

ବ୍ୟାଟେରୀ
କ୍ୟାବଲ୍ ।
ବୈଦ୍ୟୁତିକ
ଜେନେରେଟର
ଲ୍ୟାମ୍ପ
ଚୁମ୍ବକ
ନକାରାତ୍ମକ
ବସ୍ତୁଗୁଡ଼ିକ
ପୋଜିଟିଭ୍ ।
ଷ୍ଟୋରେଜ୍
ଟେଲିଫୋନ୍
ଟେଲିଭିଜନ
ତାର

1 - Antiques

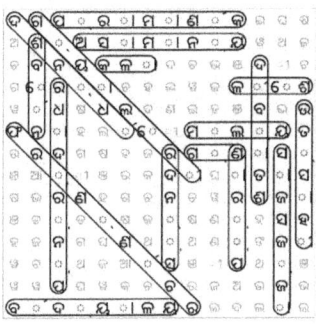

2 - Food #1

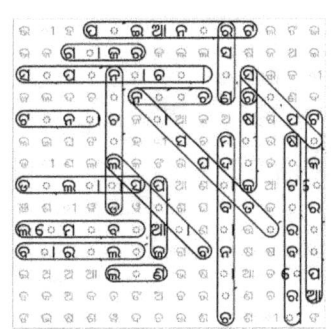

3 - Measurements

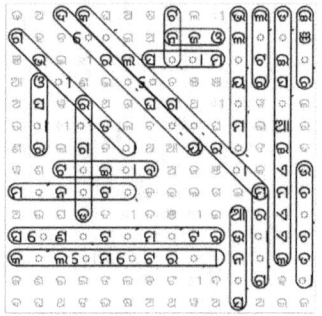

4 - Farm #2

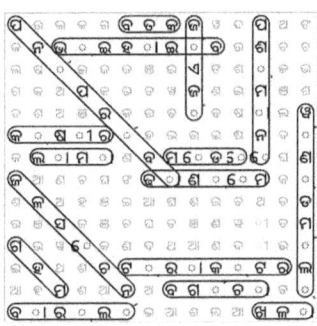

5 - Books

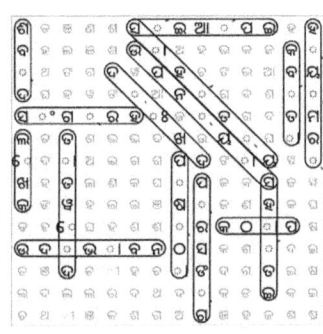

6 - Days and Months

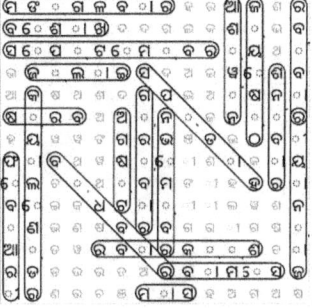

7 - Energy

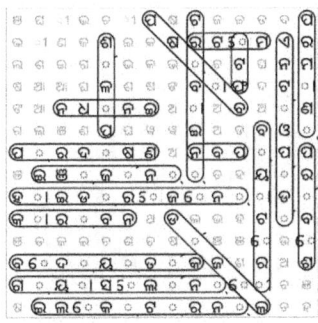

8 - Chess

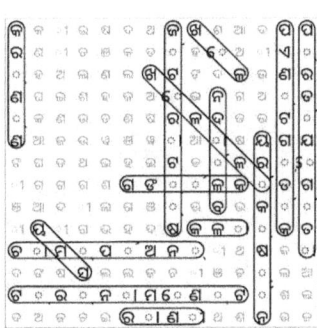

9 - Archeology

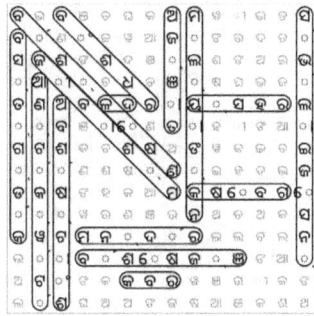

10 - Food #2

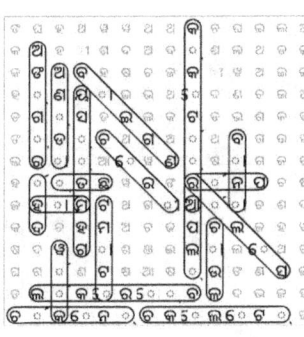

11 - Chemistry

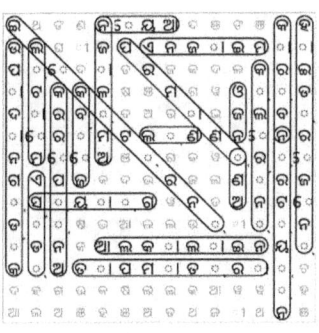

12 - Music

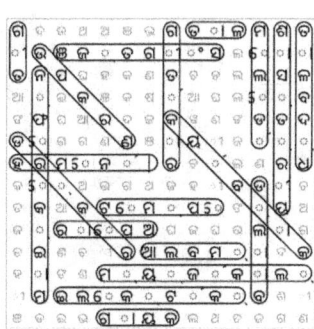

13 - Family

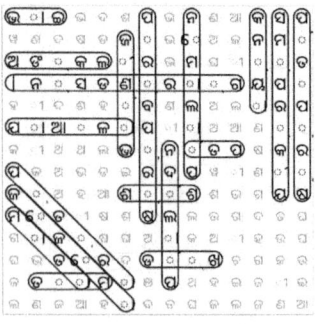

14 - Farm #1

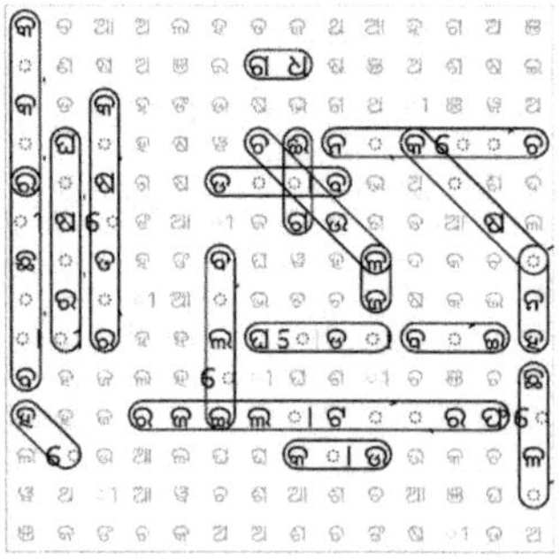

15 - Camping

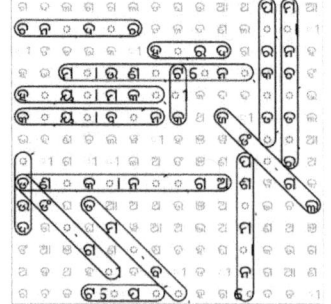

16 - Algebra

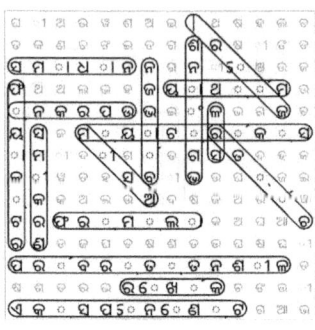

17 - Numbers

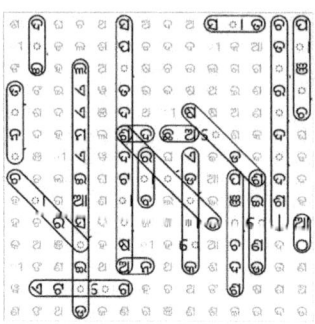

18 - Spices

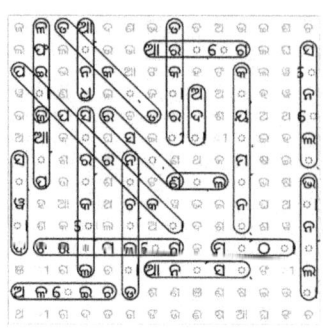

19 - Universe

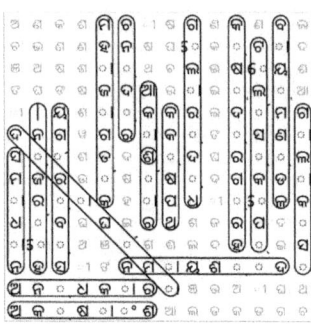

20 - Mammals

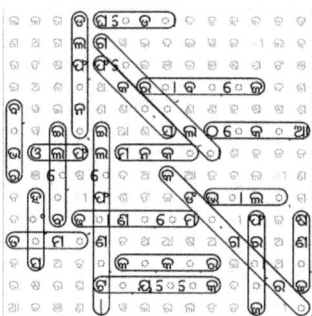

21 - Fishing

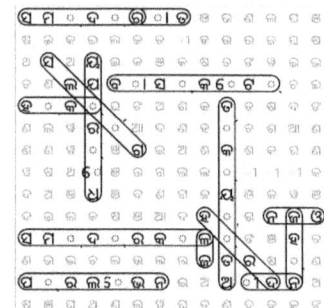

22 - Restaurant #1

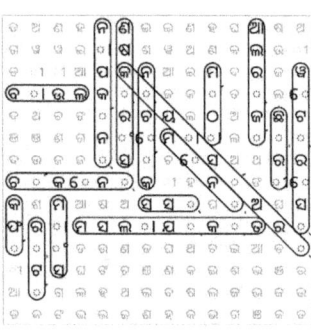

23 - Bees

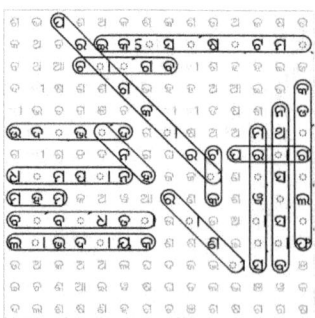

24 - Photography

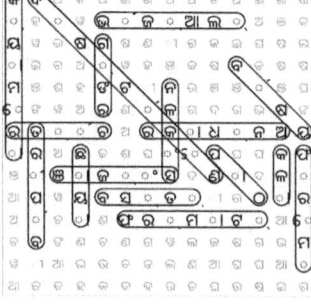

25 - Sports

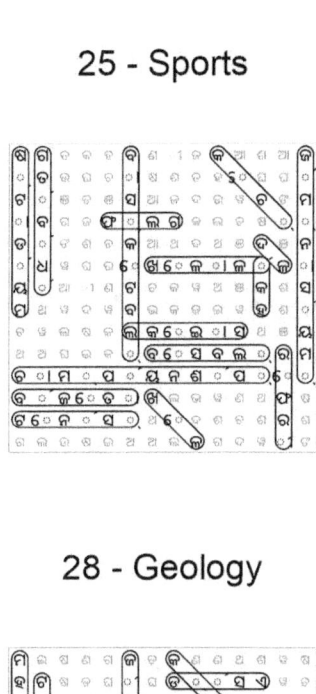

26 - Adventure

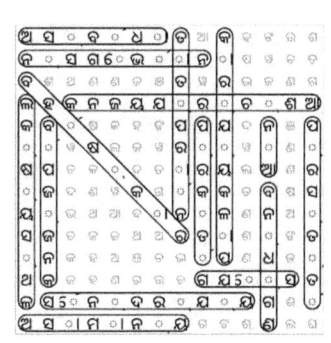

27 - Circus

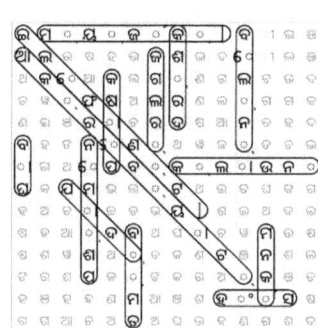

28 - Geology

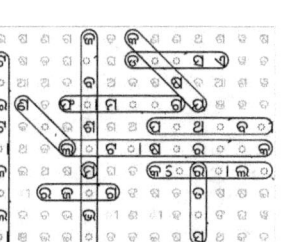
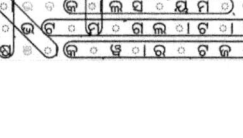

29 - House

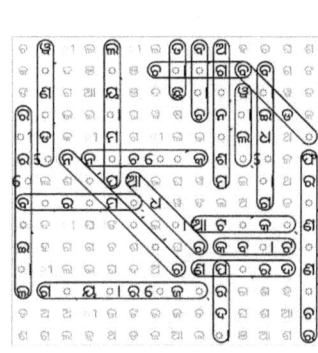

30 - Physics

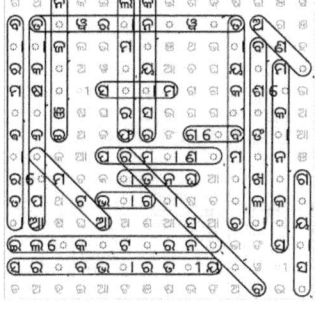

31 - Bathroom

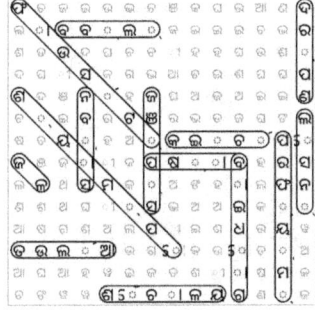

32 - Dance

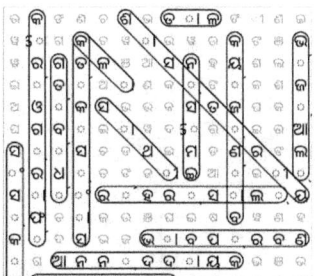
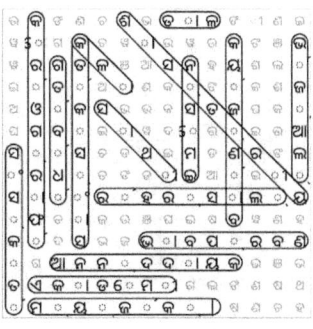

33 - Coffee

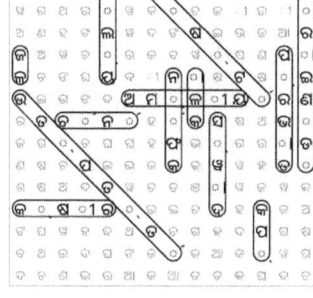

34 - Colors

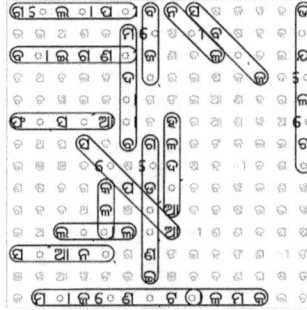

35 - Shapes

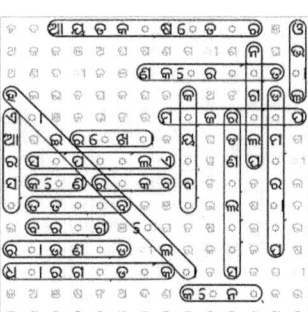
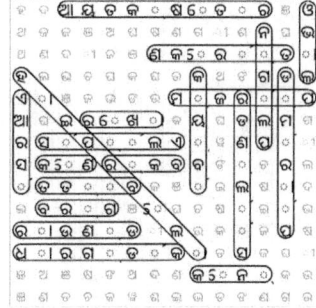

36 - Scientific Disciplines

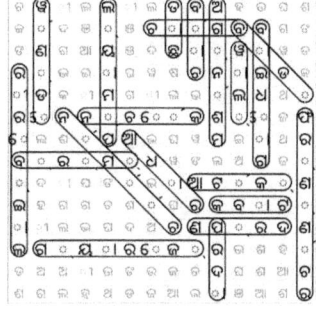

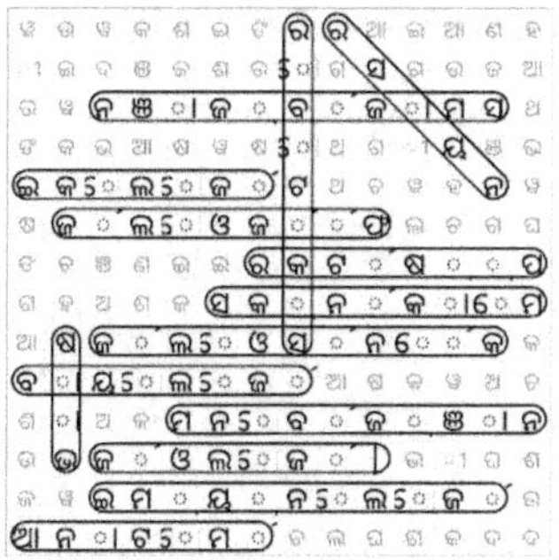

37 - Science

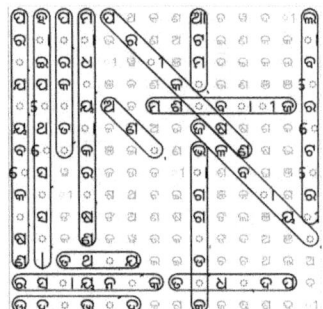

38 - Beauty

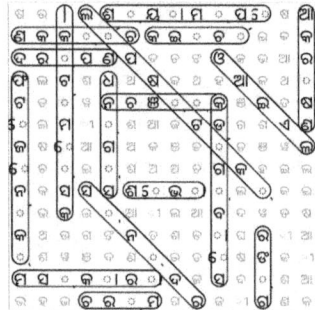

39 - Clothes

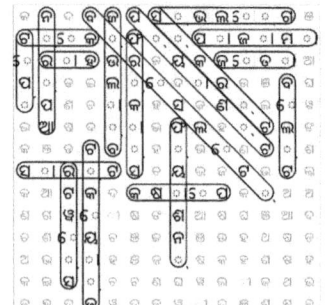

40 - Ethics

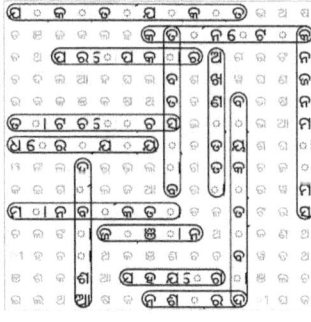

41 - Insects

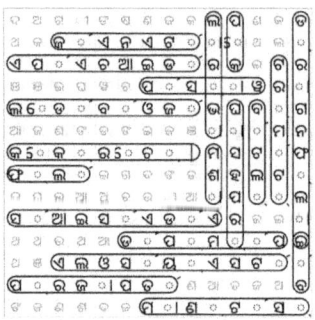

42 - Astronomy

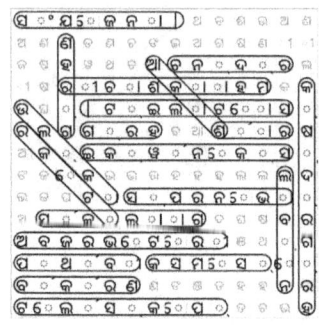

43 - Health and Wellness #2

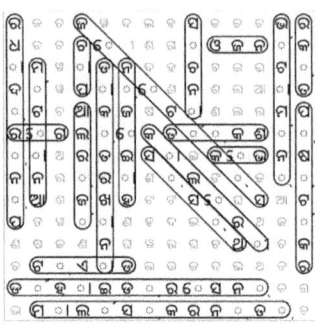

44 - Time

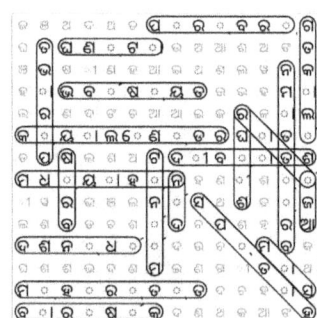

45 - Buildings

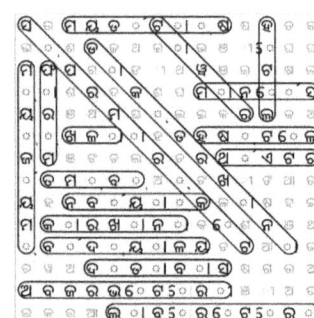

46 - Philanthropy

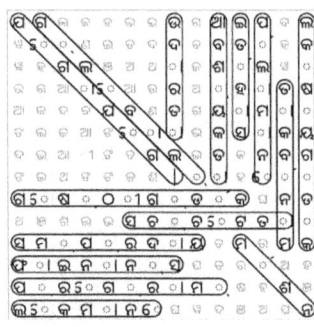

47 - Herbalism

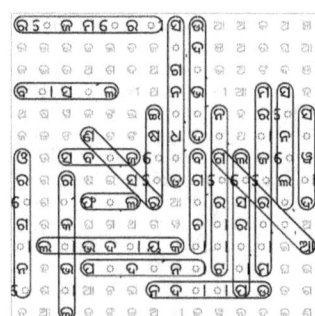

48 - Vehicles

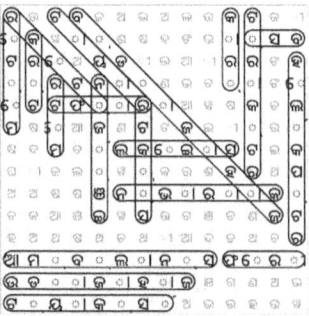

49 - Flowers

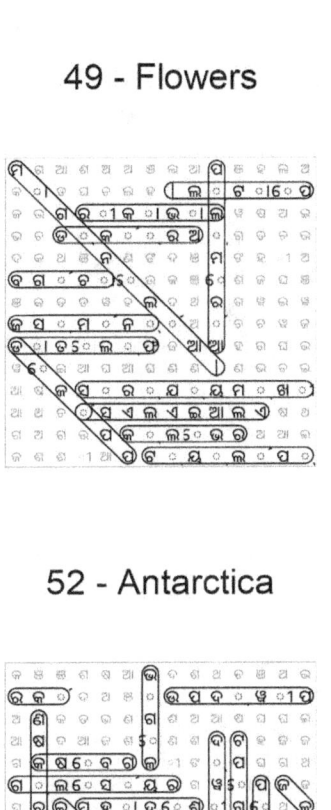

50 - Health and Wellness #1

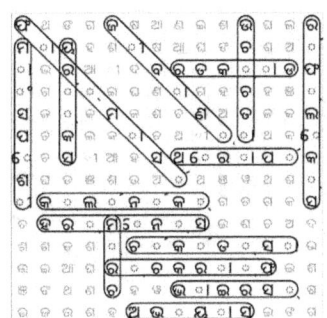

51 - Town

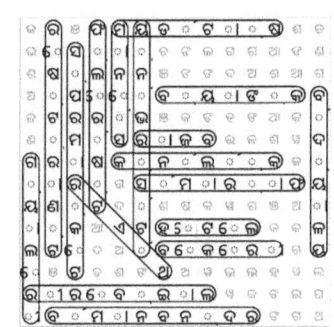

52 - Antarctica

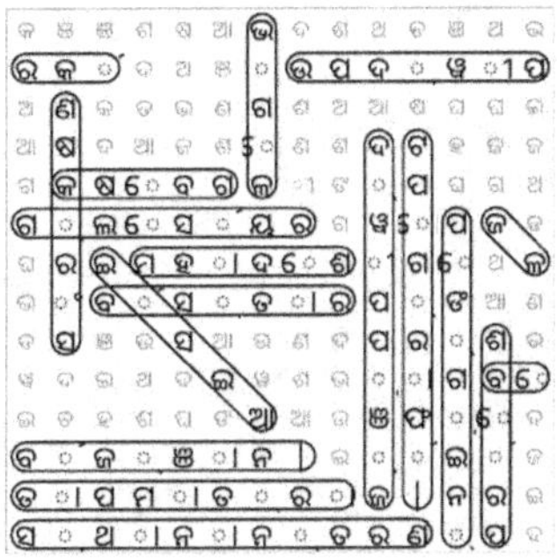

53 - Ballet

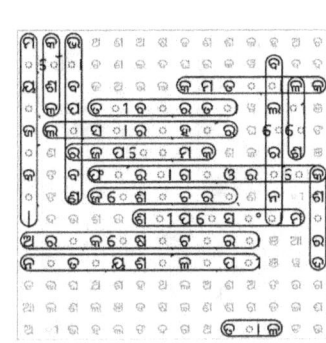

54 - Human Body

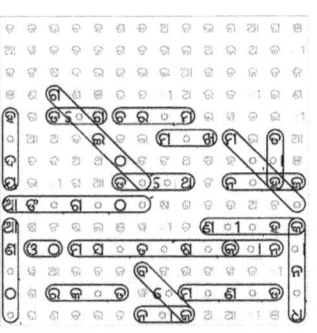

55 - Musical Instruments

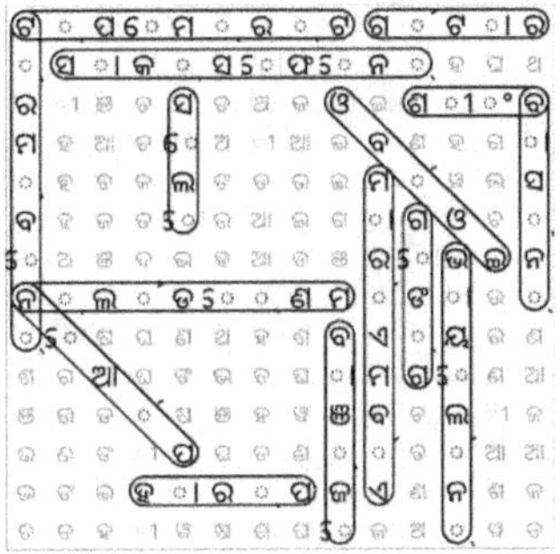

56 - Cooking Tools

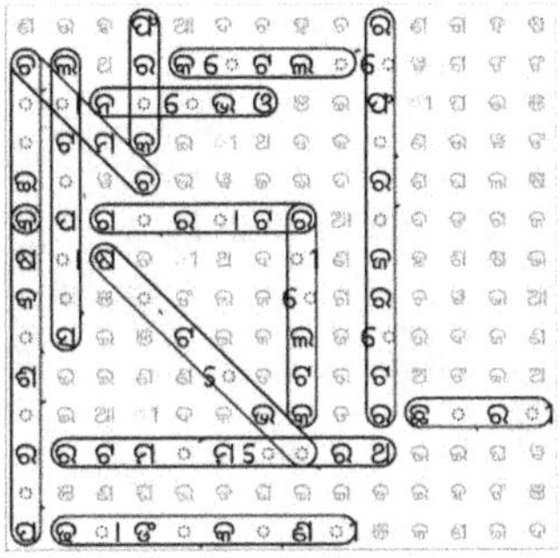

57 - Fruit

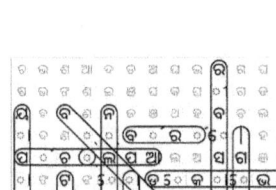
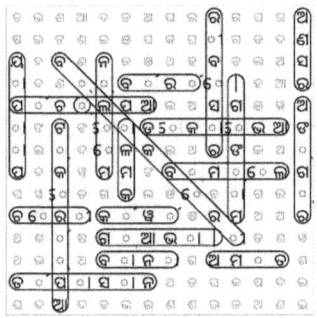

58 - Engineering

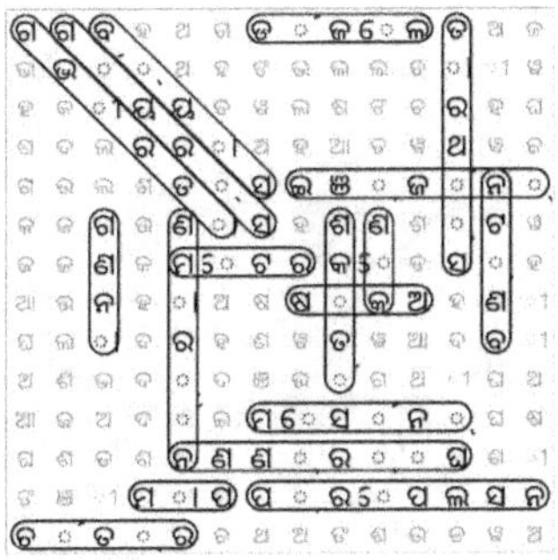

59 - Government

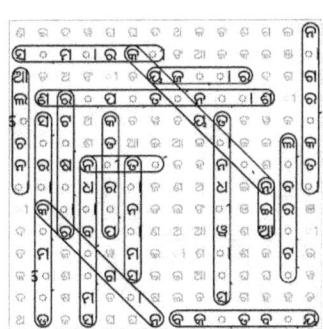

60 - Art Supplies

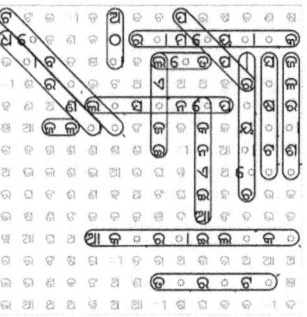

61 - Science Fiction

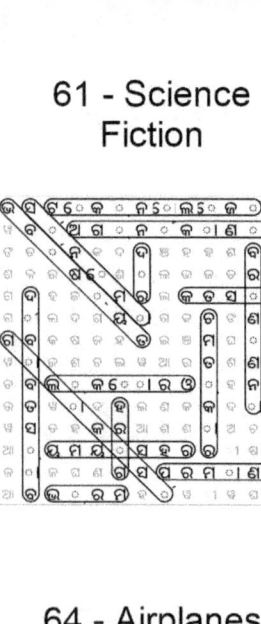

62 - Geometry

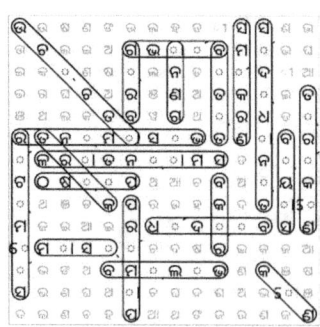

63 - Creativity

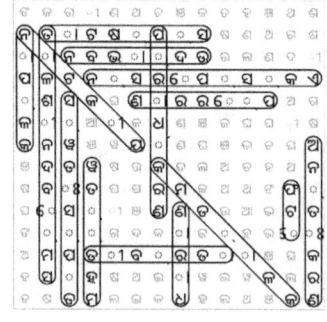

64 - Airplanes

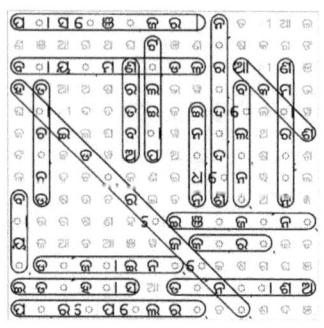

65 - Ocean

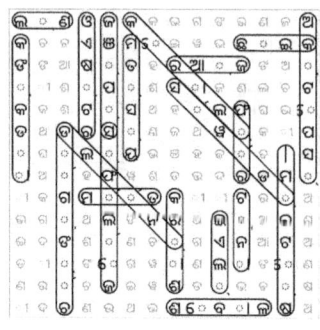

66 - Force and Gravity

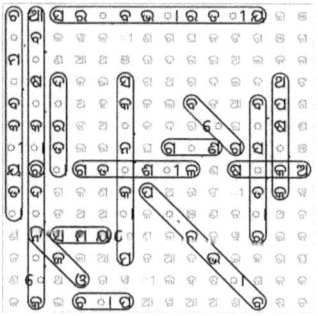

67 - Birds

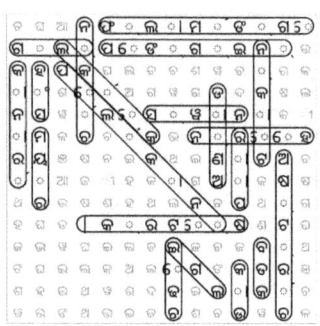

68 - Art

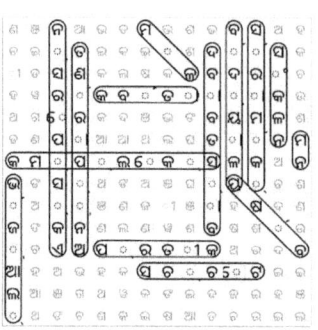

69 - Politics

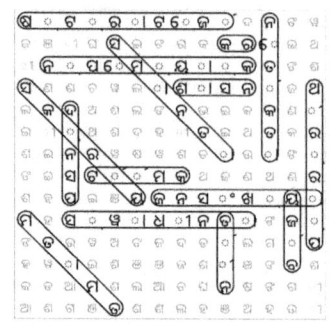

70 - Nutrition

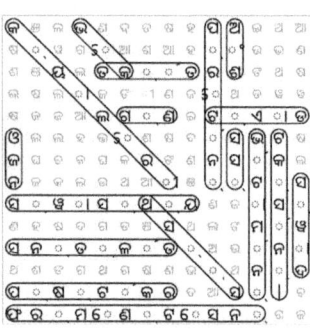

71 - Hiking

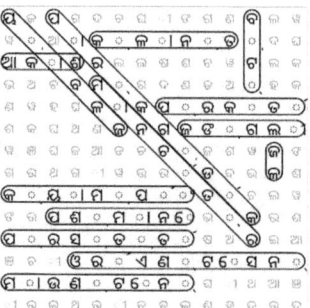

72 - Professions #1

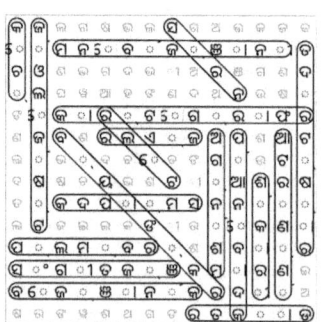

73 - Barbecues

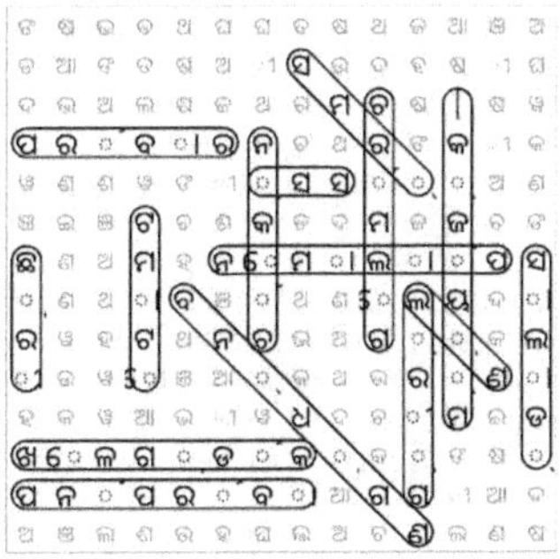

74 - Chocolate

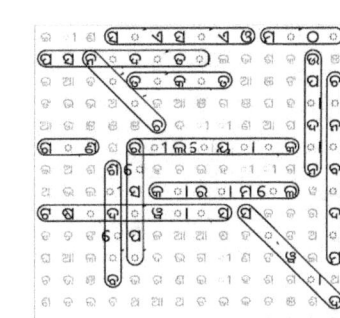

75 - Vegetables

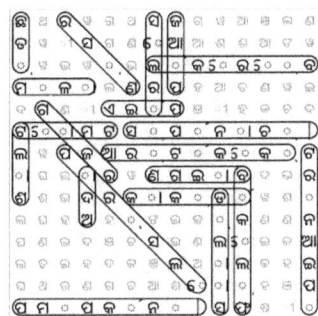

76 - The Media

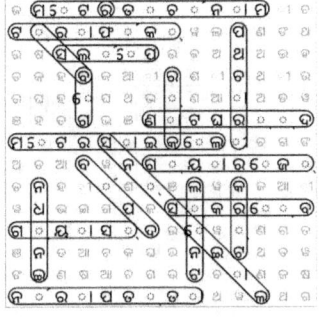

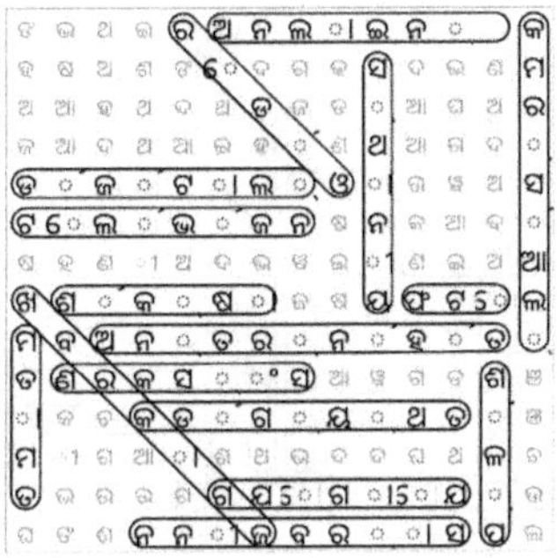

77 - Boats

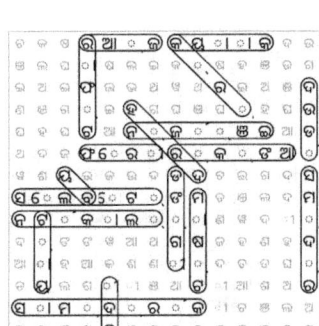

78 - Activities and Leisure

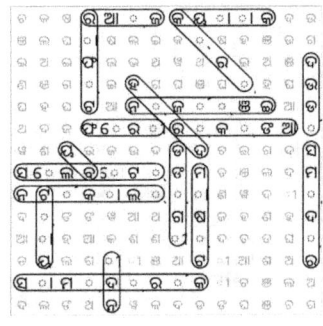

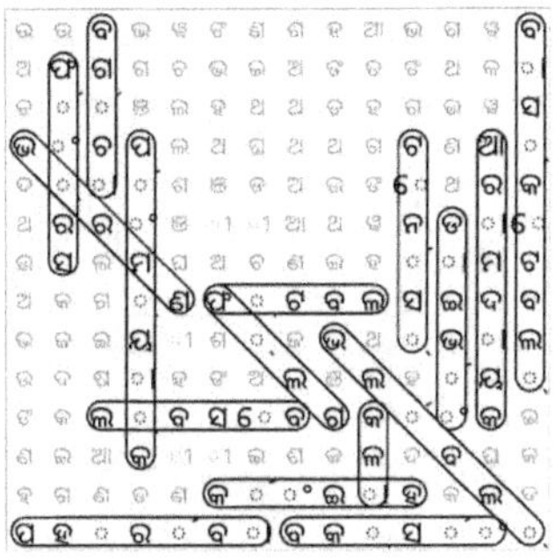

79 - Driving

80 - Professions #2

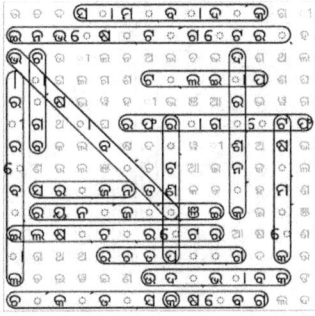

81 - Mythology

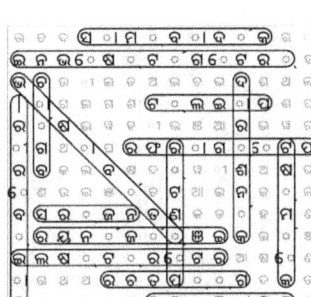

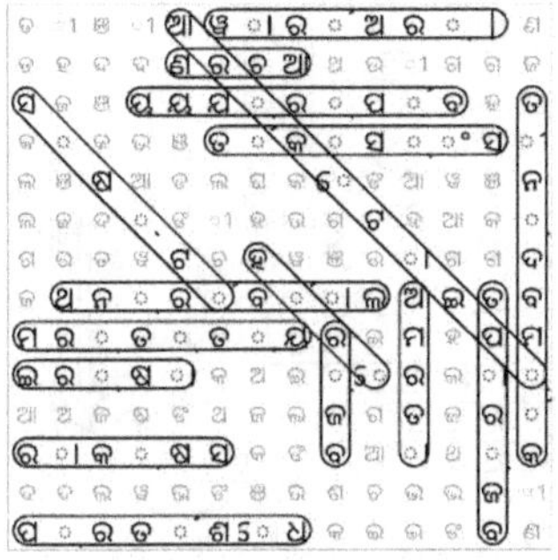

82 - Diplomacy

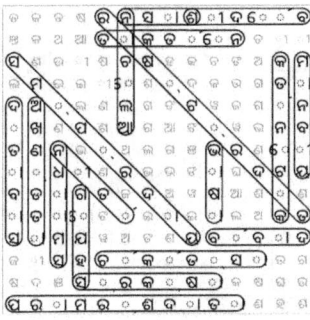

83 - Countries #1

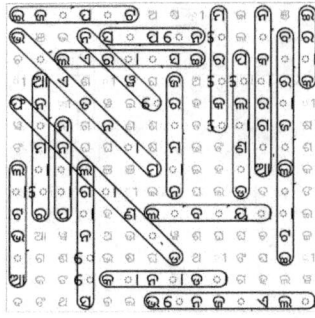

84 - Adjectives #1

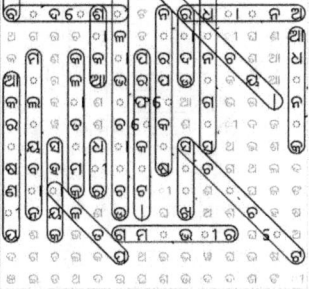

85 - Landscapes

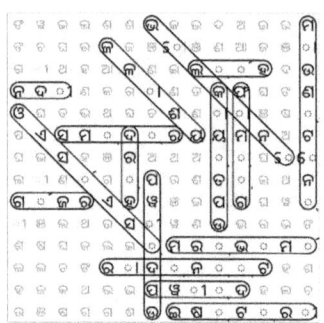

86 - Plants

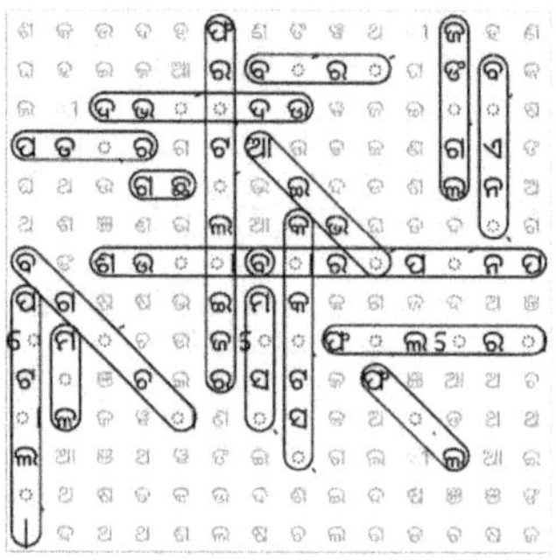

87 - Countries #2

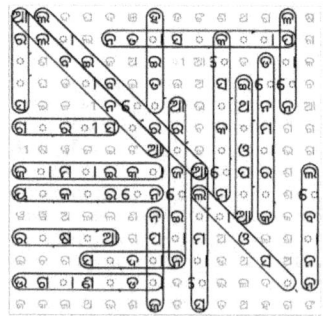

88 - Ecology

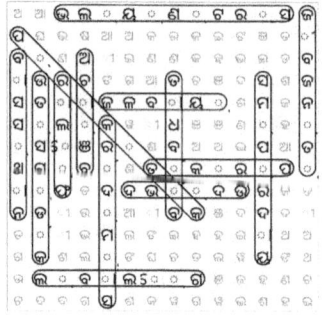

89 - Adjectives #2

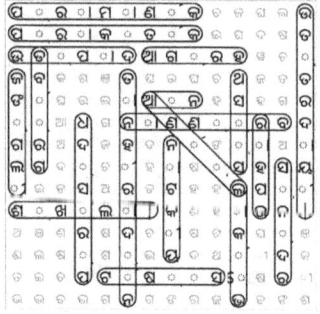

90 - Psychology

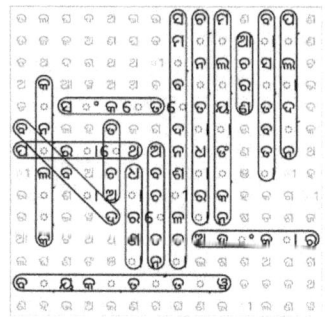

91 - Math

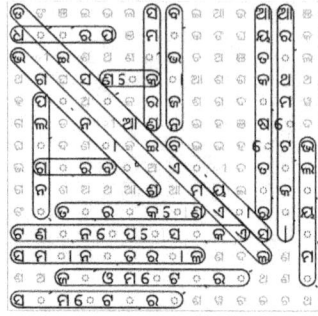

92 - Business

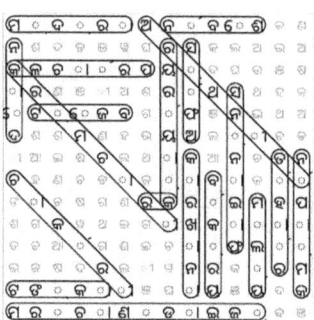

93 - The Company

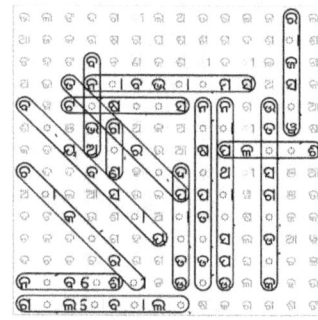

94 - Literature

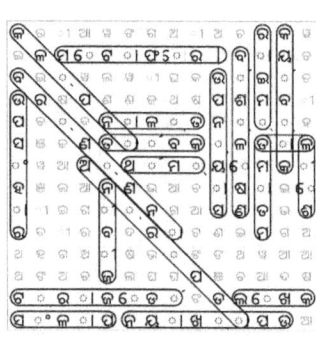

95 - Geography

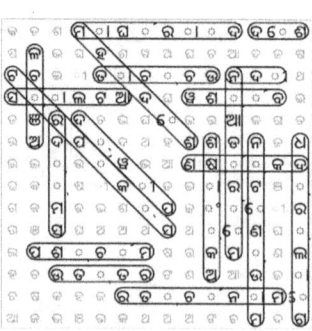

96 - Jazz

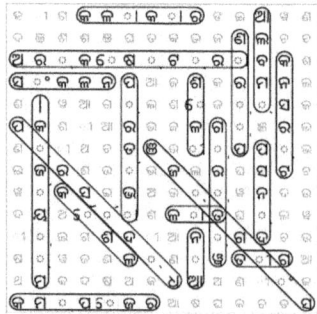

97 - Nature

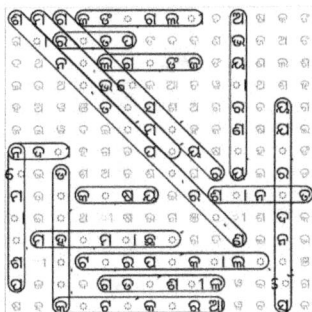

98 - Championship

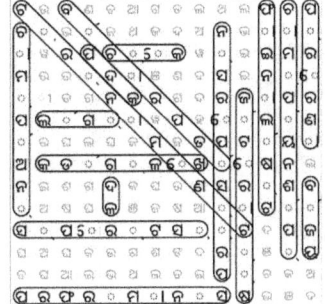

99 - Vacation #2

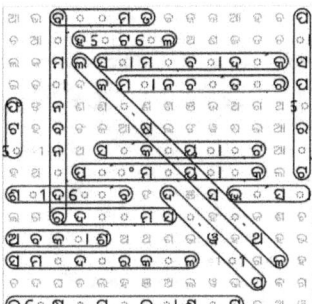

100 - Electricity

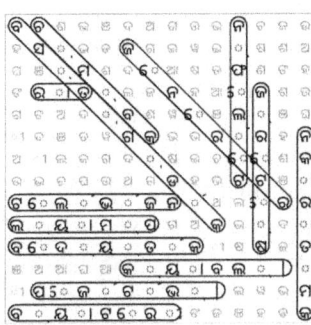

Dictionary

Activities and Leisure
କାର୍ଯ୍ୟକଳାପ ଏବଂ ଅବକାଶ |

Art	କଳା
Baseball	ବସେବଲ୍
Basketball	ବାସ୍କଟେବଲ୍
Boxing	ବକ୍ସିଂ
Camping	କ୍ୟାମ୍ପିଂ
Diving	ଡାଇଭିଂ
Gardening	ବଗଚିା
Golf	ଗଲ୍ଫ
Hiking	ହାଇକିଂ
Relaxing	ଆରାମଦାୟକ
Soccer	ଫୁଟବଲ
Surfing	ସର୍ଫିଂ
Swimming	ପହଁରିବା
Tennis	ଟନେିସ୍
Travel	ଭ୍ରମଣ
Volleyball	ଭଲିବଲ୍

Adjectives #1
ବଶିେଷଣ # 1

Absolute	ନରିପକେ୍ଷ
Ambitious	ଉଚ୍ଚାଭଳିାଷୀ
Aromatic	ସୁଗନ୍ଧତି
Artistic	କଳାତ୍ମକ
Attractive	ଆକର୍ଷଣୀୟ
Dark	ଅନ୍ଧାର
Exotic	ବଦିଶେୀ
Generous	ଉଦାର
Happy	ଖୁସି
Heavy	ଆକାଶ
Helpful	ସହାୟକ
Honest	ସଚ୍ଚ◌ୋଟ
Huge	ବଡ
Identical	ପରଚିୟ |
Modern	ଆଧନୁକି
Perfect	ପରଫକେ୍ଟ |
Serious	ଗମ୍ଭୀର
Slow	ଧୀର
Thin	ପତଳା
Valuable	ମୂଲ୍ୟବାନ

Adjectives #2
ବଶିେଷଣ # 2

Authentic	ପ୍ରାମାଣକି
Creative	ସୃଷ୍ଟି
Descriptive	ବର୍ଣ୍ଣନା
Dramatic	ନାଟକୀୟ
Dry	ଶୁଖିଲା |
Elegant	ସୁନ୍ଦର
Famous	ପ୍ରସଦି୍ଧ
Gifted	ଉପହାର
Healthy	ସୁସ୍ଥ
Hungry	ଭ◌ୋକଲିା
Interesting	ଆଗ୍ରହ
Natural	ପ୍ରାକୃତକି
New	ନୂଆ
Productive	ଉତ୍ପାଦ
Proud	ଗର୍ବତି
Responsible	ଉତ୍ତରଦାୟୀ |
Salty	ଲୁଣିଆ
Sleepy	ନଦି୍ରାହୀନତା
Strong	ଶକ୍ତଶିାଳୀ
Wild	ଜଙ୍ଗଲୀ

Adventure

Activity	କାର୍ଯ୍ୟକଳାପ
Beauty	ସ◌ୌନ୍ଦର୍ଯ୍ୟ
Chance	ସୁଯ◌ୋଗ
Dangerous	ବପିଜ୍ଜନକ
Destination	ଲକ୍ଷ୍ୟସ୍ଥଳ
Difficulty	ଅସୁବଧିା
Excursion	ବହଷି୍କାର
Friends	ବନ୍ଧୁଗଣ
Nature	ପ୍ରକୃତି
Navigation	ନାଭଗିସେନ୍
New	ନୂଆ
Preparation	ପ୍ରସ୍ତୁତି
Safety	ନରିାପତ୍ତା
Surprising	ଆଶ୍ଚର୍ଯ୍ୟଜନକ
Unusual	ଅସାମାନ୍ୟ

Airplanes
ବମିାନ

Air	ବାୟୁ
Atmosphere	ବାୟୁମଣ୍ଡଳ
Balloon	ବଲେନୁ୍
Construction	ନର୍ିମାଣ
Crew	କ୍ରୁ
Descent	ଅବତରଣ
Design	ଡଜିାଇନ୍
Direction	ନର୍ିଦ୍ଦଶେ
Engine	ଇଞ୍ଜନି୍
Fuel	ଇନ୍ଧନ
Height	ଉଚ୍ଚତା
History	ଇତହିାସ
Hydrogen	ହାଇଡ୍ର◌ୋଜନେ୍
Passenger	ପାସଞ୍ଜେର |
Pilot	ପାଇଲଟ୍
Propellers	ପ୍ର◌ୋପଲେର୍
Sky	ଆକାଶ
Turbulence	ଅଶାନ୍ତି

Algebra
ବୀଜ ବବିଚେନା

Diagram	ଚତି୍ର
Division	ବଭିାଜନ
Equation	ସମୀକରଣ
Exponent	ଏକ୍ସପ◌ୋନଣେ୍ଟ
Factor	ଫ୍ୟାକ୍ଟର
False	ମିଥ୍ୟା
Formula	ଫର୍ମୁଲା
Fraction	ଭଗ୍ନାଂଶ
Infinite	ଅସୀମ
Linear	ର◌ୈଖକି
Matrix	ମ୍ୟାଟ୍ରକି୍ସ
Simplify	ସରଳ
Solution	ସମାଧାନ
Subtraction	ଉପରକନ୍
Variable	ପରବିର୍ତ୍ତନଶୀଳ
Zero	ଜରି◌ୋ |

Antarctica
ଆଣ୍ଟାରକ୍ଟକିା

Bay	ବେ
Conservation	ସଂରକ୍ଷଣ
Continent	ମହାଦଶେ
Environment	ପରବିଶେ
Expedition	ବସିତ୍ାର
Geography	ଭଗୁ୍ୋଳ
Glaciers	ଗଲ୍ସେୟିର
Ice	ଆଇସଇି
Islands	ଦଵ୍ୀପପଞ୍ଜୁ
Migration	ସଥ୍ାନାନତ୍ରଣ
Penguins	ପଙେ୍ଗଇୁନ୍
Peninsula	ଉପଦଵ୍ୀପ
Researcher	ଗବଷେକ
Rocky	ରକ‌ି
Scientific	ବଜି୍ଞାନ |
Temperature	ତାପମାତରା
Topography	ଟପୋଗରାଫ ୀ
Water	ଜଳ

Antiques
ପରୁାତନ ପରୁାତନ

Art	କଳା
Authentic	ପରାମାଣକି
Century	ଶତାବଦ୍ୀ
Decades	ଦଶନଧ୍ି
Decorative	ସାଜସଜଜ୍ା
Elegant	ସନ୍ଦୁର
Enthusiast	ଉତସ୍ାହୀ
Furniture	ଫରଣ୍ଣିଚିର
Gallery	ଗୟ୍ାଲରେୀ
Investment	ନବିଶେ
Old	ପରୁଣୁା
Price	ମଲୂୟ୍
Quality	ଗଣୁ
Restoration	ପନୁରଦୁଧ୍ାର
Sculpture	ବଦିୟ୍ାଳୟ
Style	ଶଳୈୀ
Unusual	ଅସାମାନୟ୍

Archeology
ପରତନ୍ତତତ୍ଵ

Analysis	ବଶିଳ୍ଷେଣ
Antiquity	ଆଣଟ୍କିଵ୍ଟି
Civilization	ସଭିଲିାଇଜସେନ୍
Descendant	ବଂଶଧର
Evaluation	ମଲୂ୍ୟାଙକ୍ନ
Expert	ବଶିଷେଜ୍ଞ
Fossil	ଜୀବାଶମ୍
Mystery	ରହସୟ୍
Objects	ବସତ୍ଗୁଡୁକି
Relic	ଅବଶଷିଟ୍ାଂଶ
Researcher	ଗବଷେକ
Team	ଦଳ
Temple	ମନଦ୍ରି
Tomb	କବର
Unknown	ଅଜ୍ଞାତ

Art
କଳା

Ceramic	ସରିାମକି୍
Complex	କମପ୍ଲକେସ୍
Composition	ସଂକଳନ
Expression	ଏକସ୍ପରସେନ୍
Honest	ସଚଚ୍ୋଟ
Inspired	ଅନପ୍ରୁାଣତି
Mood	ମନ
Original	ମଳୂ
Poetry	କବତିା
Sculpture	ବଦିୟ୍ାଳୟ
Subject	ବଷିୟ
Surrealism	ବାସତ୍ବବାଦ
Symbol	ପରତୀକ
Visual	ଭଜିୁଆଲ୍

Art Supplies
କଳା ସାମଗରୀ |

Acrylic	ଆକରାଇଲକି୍
Camera	କୟ୍ାମରୋ
Chair	ଚୟ୍ୋର୍ |
Creativity	ସଷୃଟ୍ି
Easel	ଇଜଏିଲ
Eraser	ଡରଟ୍ୁି
Glue	ଅଠା
Ideas	ଧାରଣା
Ink	ଆଇଏନକେ
Oil	ତଲେ
Paper	ପପେର
Pencils	ପନେସଲି୍
Table	ଟବେଲୁ୍
Water	ଜଳ
Watercolors	ଜଳରାଶ‌ି

Astronomy
ଜୟ୍ୋତରି୍ବଜି୍ଞାନ

Asteroid	କଷ୍ଦୁରଗରହ
Astronaut	ମହାକାଶଚାରୀ
Constellation	ସଂଯୋଜନା |
Cosmos	କସମୋସ୍
Earth	ପଥୃବିୀ
Eclipse	ଗରହଣ
Equinox	ଇକଵ୍ନିୋକସ୍
Galaxy	ଗାଲାକସ୍ି
Meteor	ଉଲକ୍ା
Moon	ଚନଦ୍ର
Nebula	ନବେଲୁା
Observatory	ଅବଜରଭଟେୋରୀ
Planet	ଗରହ
Radiation	ବକିରିଣ
Rocket	ରକଟେ୍
Satellite	ସାଟଲୋଇଟ୍ |
Sky	ଆକାଶ
Supernova	ସପୁରନୋଭା
Telescope	ଟଲେସି୍କୋପ୍
Zodiac	ରାଶ‌ି

Ballet
ବାଲେଟ୍

Artistic	କଳାତ୍ମକ
Audience	ଦର୍ଶକ
Ballerina	ବାଲେରିନା
Choreography	କୋରିଓଗ୍ରାଫି
Composer	କମ୍ପୋଜର
Dancers	ନୃତ୍ୟଶିଳ୍ପୀ
Expressive	ଭାବପ୍ରବଣ
Gesture	ଜେଶ୍ଚର୍
Intensity	ତୀବ୍ରତା
Muscles	ମାଂସପେଶୀ
Music	ମ୍ୟୁଜିକ୍ |
Orchestra	ଅର୍କେଷ୍ଟ୍ରା
Rehearsal	ରିହର୍ସାଲ୍
Rhythm	ତାଳ
Style	ଶୈଳୀ
Technique	କୌଶଳ

Barbecues
ବାରବିକ୍ୟୁସ୍ |

Chicken	ଚିକେନ୍
Children	ପିଲାମାନେ
Family	ପରିବାର
Friends	ବନ୍ଧୁଗଣ
Games	ଖେଳଗୁଡିକ
Grill	ଗ୍ରୀଲ୍
Knives	ଛୁରୀ
Music	ମ୍ୟୁଜିକ୍ |
Pepper	ଗୋଲମରିଚ
Salads	ସାଲାଡ୍
Salt	ଲୁଣ
Sauce	ସସ୍
Summer	ସମର୍
Tomatoes	ଟମାଟୋ
Vegetables	ପନିପରିବା

Bathroom
ବାଥରୁମ୍ |

Bubbles	ବବୁଲ୍
Faucet	ଫାଉସେଟ୍
Lotion	ଲୋସନ୍
Mirror	ଦର୍ପଣ
Perfume	ପରଫ୍ୟୁମ୍
Scissors	କଇଁଚି
Shampoo	ଶ୍ୟାମ୍ପୋ
Shower	ଗାଧୋଇବା
Soap	ସାବୁନ
Sponge	ସ୍ପଞ୍ଜ
Steam	ବାଷ୍ପ
Toilet	ଶୌଚାଳୟ
Towel	ତଉଲିଆ
Water	ଜଳ

Beauty

Charm	ଆକର୍ଷଣ
Color	ରଙ୍ଗ
Cosmetics	କସମେଟିକ୍ |
Curls	କୁଞ୍ଚନ
Elegance	ଶୋଭା
Elegant	ସୁନ୍ଦର
Fragrance	ସୁଗନ୍ଧ
Lipstick	ଲିପଷ୍ଟିକ୍
Mascara	ମସ୍କାରା
Mirror	ଦର୍ପଣ
Oils	ଓଆଇଏଲ
Photogenic	ଫଟୋଜେନିକ୍
Scissors	କଇଁଚି
Services	ସେବାଗୁଡିକ
Shampoo	ଶ୍ୟାମ୍ପୋ
Skin	ଚର୍ମ
Smooth	ଚିକ୍କଣ
Stylist	ଷ୍ଟାଇଲିଷ୍ଟ

Bees
ମହୁମାଛି

Beneficial	ଲାଭଦାୟକ
Diversity	ବିବିଧତା
Ecosystem	ଇକୋସିଷ୍ଟମ୍
Flowers	ଫୁଲଗୁଡିକ
Garden	ବଗିଚା
Habitat	ବାସସ୍ଥାନ
Honey	ହନି
Insect	କୀଟ
Plants	ଉଦ୍ଭିଦ
Pollen	ପରାଗ
Pollinator	ପରାଗକାରୀ
Queen	ରାଣୀ
Smoke	ଧୂମପାନ
Swarm	ସ୍ୱାର୍ମ
Wax	ମହମ

Birds
ପକ୍ଷୀଗଣ |

Canary	କାନାରି
Chicken	ଚିକେନ୍
Crow	କାଉ
Cuckoo	କୋକିଳ
Duck	ବତକ
Eagle	ଇଗଲ
Egg	ଅଣ୍ଡା
Flamingo	ଫ୍ଲାମିଙ୍ଗୋ
Goose	ହଂସ
Gull	ଗୁଲ୍
Heron	ହେରୋନ୍
Ostrich	ଅଷ୍ଟ୍ରିଚ
Parrot	ପାରା
Peacock	ମୟୂର
Pelican	ପେଲିକାନ୍
Penguin	ପେଙ୍ଗୁଇନ୍
Sparrow	ଚଢେଇ
Stork	ଷ୍ଟୋର୍କ୍ |
Swan	ସ୍ୱାନ
Toucan	ଟୋକାନ୍

Boats
ଡଙ୍ଗା

Anchor	ଆଙ୍କର୍
Buoy	ବୟ
Canoe	ଡଙ୍ଗୀ
Crew	କ୍ରୁ
Engine	ଇଞ୍ଜିନ୍
Ferry	ଫେରୀ
Kayak	କାୟାକ
Lake	ହ୍ରଦ
Maritime	ସାମୁଦ୍ରିକ
Mast	ମାଷ୍ଟ
Nautical	ନଟିକାଲ୍
Raft	ରାଫ୍ଟ
River	ନଦୀ
Rope	ଦଉଡି
Sailboat	ସେଲବୋଟ୍
Sea	ସମୁଦ୍ର
Tide	ଜୁଆର
Yacht	ୟାଟ୍

Books
ପୁସ୍ତକ

Author	ଲେଖକ
Collection	ସଂଗ୍ରହ
Context	ପ୍ରସଙ୍ଗ
Duality	ଦ୍ୱୈତତା
Epic	ଇପିଆଇସି
Historical	ଇତିହାସ
Humorous	ହ୍ୟୁମର୍
Inventive	ଉଦ୍ଭାବନ
Literary	ସାହିତ୍ୟ
Novel	ଉପନ୍ୟାସ
Page	ପୃଷ୍ଠା
Poetry	କବିତା
Reader	ପାଠକ
Tragic	ଦୁଃଖଦ
Words	ଶବ୍ଦ

Buildings
ବିଲ୍ଡିଂ

Apartment	ଆପାର୍ଟମେଣ୍ଟ
Barn	ଖଳା
Cabin	କ୍ୟାବିନ
Cinema	ସିନେମା
Embassy	ଦୂତାବାସ
Factory	କାରଖାନା
Farm	ଫାର୍ମ
Hospital	ଡାକ୍ତରଖାନା
Hostel	ହଷ୍ଟେଲ
Hotel	ହୋଟେଲ
Laboratory	ଲାବୋରେଟୋରୀ
Museum	ମ୍ୟୁଜିୟମ୍
Observatory	ଅବଜରଭେଟୋରୀ
School	ବିଦ୍ୟାଳୟ
Stadium	ଷ୍ଟାଡିୟମ
Supermarket	ସୁପରମାର୍କେଟ
Tent	ତମ୍ବୁ
Theater	ଥିଏଟର
Tower	ଟାୱାର
University	ୟୁନିଭରସିଟି

Business
ବ୍ୟବସାୟ

Budget	ବଜେଟ୍
Career	କ୍ୟାରିୟର
Company	କମ୍ପାନି
Cost	ମୂଲ୍ୟ
Currency	ମୁଦ୍ରା
Discount	ରିହାତି
Economics	ଅର୍ଥନୀତି
Employee	କର୍ମଚାରୀ
Employer	ଚାକିରୀ
Factory	କାରଖାନା
Finance	ଫାଇନାନ୍ସ
Investment	ନିବେଶ
Manager	ପରିଚାଳକ
Merchandise	ମର୍ଚାଣ୍ଡାଇଜ୍
Money	ଟଙ୍କା
Office	ଅଫିସ୍
Sale	ବିକ୍ରୟ
Shop	ଦୋକାନ
Taxes	କର
Transaction	ଟ୍ରାଞ୍ଜାକସନ୍

Camping
ଖାଉଟି

Animals	ପଶୁମାନେ
Cabin	କ୍ୟାବିନ
Canoe	ଡଙ୍ଗୀ
Fire	ଅଗ୍ନିକାଣ୍ଡ
Forest	ଜଙ୍ଗଲ
Hammock	ହ୍ୟାମକ୍
Hat	ଟୋପି
Insect	କୀଟ
Lake	ହ୍ରଦ
Map	ମାନଚିତ୍ର
Moon	ଚନ୍ଦ୍ର
Mountain	ମାଉଣ୍ଟେନ୍
Nature	ପ୍ରକୃତି
Rope	ଦଉଡି
Tent	ତମ୍ବୁ

Championship
ଚାମ୍ପିଅନସିପ୍ |

Champion	ଚାମ୍ପିଅନ୍
Championship	ଚାମ୍ପିୟନଶିପ୍
Coach	କୋଚ୍
Finalist	ଫାଇନାଲିଷ୍ଟ
Games	ଖେଳଗୁଡିକ
Judge	ବିଚାରପତି
League	ଲିଗ୍
Medal	ପଦକ
Motivation	ପ୍ରେରଣା
Performance	ପରଫର୍ମାନ୍ସ
Perspiration	ପର୍ସ୍ପିରେସନ୍
Sports	ସ୍ପୋର୍ଟସ୍
Strategy	ଷ୍ଟ୍ରାଟେଜି
Team	ଦଳ
Tournament	ଟୁର୍ନାମେଣ୍ଟ
Victory	ବିଜୟ

Chemistry
ରସାୟନ ବଜିଜ୍ଞାନ |

Acid	ଏସଡି୍
Alkaline	ଆଲକାଲାଇନ
Carbon	କାର୍ବନ
Catalyst	ଅନପ୍ରରେକ
Chlorine	କ୍ଲୋରନି୍
Electron	ଇଲକେ୍ଟ୍ରନ୍
Elements	ଉପାଦାନଗୁଡ଼ିକ
Enzyme	ଏନଜାଇମ
Gas	ଗ୍ୟାସ୍
Hydrogen	ହାଇଡରୋଜନେ୍
Ion	ଆୟୋନ
Metals	ମଟୋଲ୍
Molecule	ଅଣୁ
Neutrons	ନ୍ୟୁଟ୍ରନ୍
Nuclear	ପରମାଣୁ
Organic	ଜୈବିକ
Oxygen	ଅମ୍ଳଜାନ
Salt	ଲୁଣ
Temperature	ତାପମାତ୍ରା
Weight	ଓଜନ

Chess
ଚସେ୍

Black	କଳା
Champion	ଚାମ୍ପିଅନ୍
Contest	ପ୍ରତଯିୋଗତିା
Diagonal	କର୍ଣ୍ଣ
Game	ଖେଳ
King	କଳଙ୍ଗି
Passive	ନଷି୍କ୍ରୟି
Player	ଖେଳାଳ ି
Points	ପଏଣ୍ଟଗୁଡ଼ିକ
Queen	ରାଣୀ
Sacrifice	ବଳଦିାନ
Strategy	ଷ୍ଟ୍ରାଟଜେ ି
Time	ସମୟ
Tournament	ଟୁର୍ନାମେଣ୍ଟ

Chocolate
ଚକୋଲେଟ୍ |

Bitter	ତକି୍ତ
Cacao	ସିଏସିଏଓ
Calories	କ୍ୟାଲୋରୀ
Caramel	କାରାମେଲ
Delicious	ସ୍ୱାଦଷି୍ଟ
Exotic	ବଦିେଶୀ
Favorite	ପସନ୍ଦତିା
Ingredient	ଉପାଦାନ
Peanuts	ଚନିାବାଦାମ
Quality	ଗୁଣ
Recipe	ରସେପି ି
Sugar	ଚନି ି
Sweet	ମଠିା
Taste	ସ୍ୱାଦ

Circus
ସର୍କସ୍

Acrobat	ଆକ୍ରୋବ୍ୟାଟ୍
Animals	ପଶୁମାନେ
Balloons	ବେଲୁନ୍
Clown	କ୍ଲାଉନ୍
Costume	ପୋଷାକ
Elephant	ଇଲଫୋଣ୍ଟ
Juggler	ଜଗଲର୍
Lion	ସିଂହ
Magic	ଯାଦୁ
Monkey	ମନକ ି
Music	ମ୍ୟୁଜକି୍	
Spectator	ଦର୍ଶକ
Tent	ତମ୍ବୁ
Tiger	ବାଘ

Clothes
ପୋଷାକ

Apron	ଆପ୍ରନ୍
Belt	ବେଲ୍ଟ
Blouse	ବ୍ଲାଉଜ୍
Bracelet	ବ୍ରସେଲେଟ୍
Coat	କୋଟ୍
Dress	ପୋଷାକ
Fashion	ଫ୍ୟାଶନ୍
Gloves	ଗ୍ଲୋଭସ୍
Hat	ଟୋପ ି
Jacket	ଜ୍ୟାକଟେ୍
Necklace	ହାର
Pajamas	ପାଜାମା
Pants	ପ୍ୟାଣ୍ଟ
Scarf	ସ୍କାର୍ଫ
Shirt	ସାର୍ଟ
Shoe	ଜୋତା
Skirt	ସ୍କର୍ଟ
Sweater	ସ୍ୱେଟର

Coffee
କଫ ି

Acidic	ଅମ୍ଳୀୟ
Bitter	ତକି୍ତ
Black	କଳା
Caffeine	କଫେନି୍
Cream	ସଷ୍ଟ୍ରି
Cup	କପ୍
Flavor	ସ୍ୱାଦ
Grind	ଗ୍ରାଇଣ୍ଡ୍
Milk	କ୍ଷୀର
Morning	ପ୍ରଭାତ
Origin	ଉତ୍ପତ୍ତ ି
Price	ମୂଲ୍ୟ
Sugar	ଚନି ି
Water	ଜଳ

Colors
ରଙ୍ଗଗଡୁକି |

Beige	ବଜେ୍
Black	କଳା
Blue	ନୀଳ
Brown	ବାଦାମୀ
Cyan	ସଆିନ୍
Fuchsia	ଫସୁଆି
Green	ସବଜୁ
Indigo	ଇଣ୍ଡଗିୋ
Magenta	ମାଜଣେ୍ଟା
Orange	କମଳା
Pink	ଗୋଲାପୀ
Purple	ବାଇଗଣୀ
Red	ଲାଲ୍
Sepia	ସପେଆି
Violet	ଭାୟୋଲଟେ୍
Yellow	ହଳଦଆି

Cooking Tools
ରନ୍ଧନ ଉପକରଣ

Cutlery	କଟଲରେୀ
Fork	ଫର୍କ
Grater	ଗ୍ରାଟର
Kettle	କଟେଲି
Knife	ଛରୁୀ
Lid	ଢାଙ୍କଣୁୀ
Oven	ଓଭନେ୍
Refrigerator	ରଫେ୍ରଜିରଟେର
Scissors	କଇଚିଁ
Spatula	ସ୍ପାଟଲୁା
Spoon	ଚାମଚ
Stove	ଷ୍ଟୋଭ୍
Strainer	ପ୍ରଶକି୍ଷକ
Thermometer	ଥର୍ମୋମଟିର

Countries #1
ଦଶେ # 1

Brazil	ବ୍ରାଜଲି
Canada	କାନାଡା
Egypt	ଇଜପି୍ଟ
Finland	ଫନିଲାଣ୍ଡ
Germany	ଜର୍ମାନ
Iraq	ଇରାକ
Israel	ଇସ୍ରାଏଲ
Italy	ଇଟାଲି
Latvia	ଲାଟଭଆି
Libya	ଲବିୟିା
Morocco	ମୋରୋକୋ
Nicaragua	ନକିାରଗଆୁ
Norway	ନରୱେ
Panama	ପାନାମ
Poland	ପୋଲାଣ୍ଡ
Romania	ରୋମାନଆି
Senegal	ସନେଗୋଲ
Spain	ସ୍ପନେ
Venezuela	ଭନେଜଏୁଲା
Vietnam	ଭଏିତନାମ

Countries #2
ଦଶେ # 2

Albania	ଆଲବାନଆି
Denmark	ଡନେମାର୍କ
Ethiopia	ଇଥଓିପଆି
Greece	ଗ୍ରୀସ
Haiti	ହାଇତି
Jamaica	ଜାମାଇକା
Japan	ଜାପାନ
Laos	ଲାଓସ୍
Lebanon	ଲବୋନନ
Liberia	ଲାଇବରେଆି
Mexico	ମକେ୍ସକିୋ
Nepal	ନପୋଳ
Nigeria	ନାଇଜରେଆି
Pakistan	ପାକସି୍ତାନ
Russia	ରଷୁଆି
Somalia	ସୋମାଲଆି
Sudan	ସଦୁାନ
Syria	ସରିଆି
Uganda	ଉଗାଣ୍ଡା
Ukraine	ୟକ୍ରୁନେ

Creativity
ସଜୃନଶୀଳତା |

Artistic	କଳାତ୍ମକ
Authenticity	ପ୍ରାଧକିରଣ
Clarity	ସ୍ପଷ୍ଟତା
Dramatic	ନାଟକୀୟ
Expression	ଏକ୍ସପ୍ରସେନ୍
Ideas	ଧାରଣା
Image	ଫଟୋ
Imagination	କଳ୍ପନା
Inspiration	ପ୍ରରେଣା
Intensity	ତୀବ୍ରତା
Intuition	ଅନ୍ତଃକରଣ
Inventive	ଉଦ୍ଭାବନ
Sensation	ସମ୍ବଦେନଶୀଳତା
Spontaneous	ସ୍ୱତଃସ୍ପତୃ
Vitality	ମହତତ୍ୱ

Dance
ନତୃ୍ୟ

Academy	ଏକାଡମେୀ
Art	କଳା
Choreography	କୋରଓିଗ୍ରାଫି
Classical	ଶାସ୍ତ୍ରୀୟ
Cultural	ସାଂସ୍କତୃକି
Culture	ସଂସ୍କତୃି
Emotion	ଇମୋସନ୍
Expressive	ଭାବପ୍ରବଣ
Joyful	ଆନନ୍ଦଦାୟକ
Movement	ଗତବିଧି
Music	ମ୍ୟଜୁକି୍	
Partner	ସାଥୀ
Rehearsal	ରହିର୍ସାଲ୍
Rhythm	ତାଳ
Traditional	ବାଣଜି୍ୟକି
Visual	ଭଜିଆୁଲ୍

Days and Months
ଦିନ ଏବଂ ମାସ |

August	ଅଗଷ୍ଟ
Calendar	କ୍ୟାଲେଣ୍ଡର
February	ଫେବୃଆରୀ
Friday	ଶୁକ୍ରବାର
January	ଜାନୁୟାରୀ
July	ଜୁଲାଇ
June	ଜ୍ୟେଷ୍ଠ
May	ବୈଶାଖ
Monday	ସୋମବାର
Month	ମାସ
November	ନଭେମ୍ବର
October	ଆଶ୍ୱିନ
Saturday	ଶନିବାର
September	ସେପ୍ଟେମ୍ବର
Sunday	ରବିବାର
Thursday	ଗୁରୁବାର
Tuesday	ମଙ୍ଗଳବାର
Wednesday	ବୁଧବାର
Week	ସପ୍ତାହ
Year	ବର୍ଷ

Diplomacy
କୂଟନୀତି

Adviser	ପରାମର୍ଶଦାତା
Ambassador	ରାଷ୍ଟ୍ରଦୂତ
Community	ସମ୍ପ୍ରଦାୟ
Conflict	ବିବାଦ
Cooperation	ସହଯୋଗ
Diplomatic	କୂଟନୈତିକ
Discussion	ଆଲୋଚନା
Embassy	ଦୂତାବାସ
Ethics	ନୈତିକତା
Foreign	ବିଦେଶୀ
Government	ଶାସନ
Humanitarian	ମାନବୀୟ
Integrity	ଅଖଣ୍ଡତା
Languages	ଭାଷା
Politics	ନୀତି
Security	ସୁରକ୍ଷା
Solution	ସମାଧାନ
Treaty	ଚିକିତ୍ସା

Driving
ଡ୍ରାଇଭିଂ

Accident	ଦୁର୍ଘଟଣା
Brakes	ବ୍ରେକସ୍
Bus	ବସ୍
Car	କାର୍
Danger	ବିପଦ
Fuel	ଇନ୍ଧନ
Garage	ଗ୍ୟାରେଜ୍
Gas	ଗ୍ୟାସ୍
License	ଲାଇସେନ୍ସ
Map	ମାନଚିତ୍ର
Motor	ମୋଟର
Motorcycle	ମୋଟରସାଇକେଲ
Pedestrian	ପଥଚାରୀ
Police	ପୋଲିସ
Safety	ନିରାପତ୍ତା
Speed	ବେଗ
Traffic	ଟ୍ରାଫିକ୍
Truck	ଟ୍ରକ
Tunnel	ଟନେଲ୍

Ecology
ଇକୋଲୋଜି

Climate	ଜଳବାୟୁ
Communities	ସମ୍ପ୍ରଦାୟ
Diversity	ବିବିଧତା
Fauna	ଜୀବଜନ୍ତୁ
Flora	ଫ୍ଲୋରା
Global	ଗ୍ଲୋବାଲ୍
Habitat	ବାସସ୍ଥାନ
Marine	ସାମୁଦ୍ରିକ
Natural	ପ୍ରାକୃତିକ
Nature	ପ୍ରକୃତି
Resources	ଉତ୍ସଗୁଡ଼ିକ
Survival	ବଞ୍ଚାଅ
Vegetation	ଉଦ୍ଭିଦ
Volunteers	ଭଲ୍ୟୁଣ୍ଟିଅରସ୍

Electricity
ବିଦ୍ୟୁତ୍

Battery	ବ୍ୟାଟେରୀ
Cable	କ୍ୟାବଲ୍ |
Electric	ବୈଦ୍ୟୁତିକ
Electrician	ଇଲେକ୍ଟ୍ରିକ୍
Generator	ଜେନେରେଟର
Lamp	ଲ୍ୟାମ୍ପ
Magnet	ଚୁମ୍ବକ
Negative	ନକାରାତ୍ମକ
Objects	ବସ୍ତୁଗୁଡ଼ିକ
Positive	ପୋଜିଟିଭ୍ |
Storage	ଷ୍ଟୋରେଜ୍
Telephone	ଟେଲିଫୋନ୍
Television	ଟେଲିଭିଜନ
Wires	ତାର

Energy
ଶକ୍ତି

Battery	ବ୍ୟାଟେରୀ
Carbon	କାର୍ବନ
Diesel	ଡିଜେଲ
Electric	ବୈଦ୍ୟୁତିକ
Electron	ଇଲେକ୍ଟ୍ରନ୍
Engine	ଇଞ୍ଜିନ୍
Entropy	ଏନଟ୍ରପି
Environment	ପରିବେଶ
Fuel	ଇନ୍ଧନ
Gasoline	ଗ୍ୟାସୋଲିନ୍
Hydrogen	ହାଇଡ୍ରୋଜେନ୍
Industry	ଶିଳ୍ପ
Motor	ମୋଟର
Nuclear	ପରମାଣୁ
Photon	ଫୋଟୋ
Pollution	ପ୍ରଦୂଷଣ
Steam	ବାଷ୍ପ
Turbine	ଟର୍ବାଇନ୍
Wind	ପବନ

Engineering
ଇଞ୍ଜିନିୟରିଂ

Angle	କୋଣ
Axis	ଅକ୍ଷ
Calculation	ଗଣନା
Construction	ନିର୍ମାଣ
Depth	ଗଭୀରତା
Diagram	ଚିତ୍ର
Diameter	ବ୍ୟାସ
Diesel	ଡିଜେଲ
Distribution	ବଣ୍ଟନ
Energy	ଶକ୍ତି
Engine	ଇଞ୍ଜିନ୍
Gears	ଗିୟରସ୍
Machine	ମେସିନ୍
Measurement	ମାପ
Motor	ମୋଟର
Propulsion	ପ୍ରୋପଲସନ
Rotation	ଘୂର୍ଣ୍ଣନ
Stability	ସ୍ଥିରତା

Ethics

Altruism	ପରୋପକାର
Cooperation	ସହଯୋଗ
Diplomatic	କୂଟନୈତିକ
Honesty	ସଚ୍ଚୋଟତା
Humanity	ମାନବିକତା
Individualism	ବ୍ୟକ୍ତିବାଦ
Integrity	ଅଖଣ୍ଡତା
Optimism	ଆଶାବାଦୀ
Patience	ଧୈର୍ଯ୍ୟ
Philosophy	ଦର୍ଶନ
Rationality	ଯୁକ୍ତିଯୁକ୍ତତା
Realism	ବାସ୍ତବତା
Reasonable	ଯୁକ୍ତିଯୁକ୍ତ
Respectful	ସମ୍ମାନଜନକ
Wisdom	ଜ୍ଞାନ

Family
ପରିବାର

Ancestor	ପୂର୍ବପୁରୁଷ
Aunt	ଖୁଡ଼ି
Brother	ଭାଇ
Child	ଶିଶୁ
Childhood	ପିଲାଦିନ
Children	ପିଲାମାନେ
Cousin	ସମ୍ପର୍କୀୟ
Daughter	କନ୍ୟା
Grandmother	ଜେଜେମା
Grandson	ଗ୍ରାଣ୍ଡସନ୍ |
Husband	ପତି
Maternal	ମାତୃ
Mother	ମାତା
Nephew	ପୁତୁରା
Niece	ଭାଣିଜୀ
Paternal	ପିତୃପୁରୁଷ
Twins	ଯାଆଁଳା
Uncle	ଅଙ୍କଲ

Farm #1
ଫାର୍ମ # 1

Agriculture	କୃଷି
Bee	ବିଛି
Calf	ବାଛୁରୀ
Cat	ବିଲେଇ
Chicken	ଚିକେନ୍
Cow	ଗାଈ
Crow	କାଉ
Dog	କୁକୁର
Donkey	ଗଧ
Fence	ବାଡ଼
Fertilizer	ଫର୍ଟିଲାଇଜର
Field	କ୍ଷେତ୍ର
Goat	ଛେଳି
Hay	ହେ
Honey	ହନି
Horse	ଘୋଡା
Pig	ଘୁଷୁରୀ
Rice	ଚାଉଳ
Water	ଜଳ

Farm #2
ଫାର୍ମ # 2

Animals	ପଶୁମାନେ
Barley	ବାର୍ଲି
Barn	ଖଳା
Beehive	ବିହାଇଭ୍
Duck	ବତକ
Geese	ଜିଏଜି
Irrigation	ଜଳସେଚନ
Llama	ଲାମା
Meadow	ମେଡୋ
Milk	କ୍ଷୀର
Orchard	ବଗିଚା
Sheep	ମେଣ୍ଢା
Tractor	ଟ୍ରାକ୍ଟର
Vegetable	ପନିପରିବା
Wheat	ଗହମ
Windmill	ୱିଣ୍ଡମିଲ୍

Fishing
ମତ୍ସ୍ୟଚାଷ

Bait	ପ୍ରଲୋଭନ
Basket	ବାସ୍କେଟ୍
Beach	ସମୁଦ୍ର କୂଳ
Exaggeration	ଅତ୍ୟୁକ୍ତି
Gills	ଗିଲ୍ସ
Hook	ହୁକ୍
Jaw	ଜହ୍ନ
Lake	ହ୍ରଦ
Ocean	ସମୁଦ୍ର
Patience	ଧୈର୍ଯ୍ୟ
River	ନଦୀ
Water	ଜଳ
Weight	ଓଜନ
Wire	ତାର

Flowers
ଫୁଲ |

Bouquet	ଫୁଲତୋଡା
Clover	କ୍ଲୋଭର
Daisy	ଡେଜି
Dandelion	ଡାଣ୍ଡେଲିଅନ୍
Gardenia	ବଗିଚା
Hibiscus	ହାଇବିସ୍କସ୍ |
Jasmine	ଜସ୍ମିନ୍
Lavender	ଲାଭକାରୀ
Lilac	ଏଲଆଇଏଲଏସି
Magnolia	ମାଗ୍ନୋଲିଆ |
Orchid	ଅର୍କିଡ୍
Petal	ପଟୋଲ୍ |
Plumeria	ପ୍ଲୁମେରିଆ
Poppy	ପପି
Sunflower	ସୂର୍ଯ୍ୟମୁଖୀ
Tulip	ଟ୍ୟୁଲିପ୍

Food #1
ଖାଦ୍ୟ # 1

Apricot	ଆପ୍ରିକୋଟ୍
Barley	ବାର୍ଲି
Basil	ବାସିଲି
Carrot	ଗାଜର
Cinnamon	ଡାଲଚିନି
Garlic	ରସୁଣ
Juice	ରସ
Lemon	ଲେମ୍ବୁ
Milk	କ୍ଷୀର
Onion	ପିଆଜ
Peanut	ଚିନାବାଦାମ
Pear	ନାସପାତି
Salad	ସାଲାଡ୍
Salt	ଲୁଣ
Soup	ସୁପ୍
Spinach	ସ୍ପିନାଚ୍ |
Strawberry	ଷ୍ଟ୍ରବେରୀ
Sugar	ଚିନି
Tuna	ଟୁନା
Turnip	ଟର୍ନଆଇପି

Food #2
ଖାଦ୍ୟ # 2

Apple	ଆପଲ୍
Artichoke	ଆର୍ଟିଚୋକ୍
Banana	ବାନା
Broccoli	ବ୍ରୋକୋଲି
Celery	ସେଲେରି
Cheese	ପନିର
Cherry	ଚେରୀ
Chicken	ଚିକେନ୍
Chocolate	ଚକୋଲେଟ୍
Egg	ଅଣ୍ଡା
Eggplant	ବାଇଗଣ
Fish	ମତ୍ସ୍ୟ
Grape	ଅଙ୍ଗୁର
Ham	ହାମ
Kiwi	କିୱି
Mushroom	ଛତୁ
Rice	ଚାଉଳ
Tomato	ଟମାଟୋ
Wheat	ଗହମ
Yogurt	ଦହି

Force and Gravity
ବଳ ଏବଂ ମାଧ୍ୟାକର୍ଷଣ |

Axis	ଅକ୍ଷ
Center	କେନ୍ଦ୍ର
Discovery	ଆବିଷ୍କାର
Distance	ଦୂରତା
Dynamic	ଗତିଶୀଳ
Expansion	ବିସ୍ତାର
Impact	ପ୍ରଭାବ
Magnetism	ଚୁମ୍ବକୀୟତା
Mechanics	ମେକାନିକ୍ସ
Orbit	କକ୍ଷପଥ
Pressure	ଚାପ
Properties	ଗୁଣ
Speed	ବେଗ
Time	ସମୟ
Universal	ସର୍ବଭାରତୀୟ
Weight	ଓଜନ

Fruit
ଫଳ

Apple	ଆପଲ୍
Apricot	ଆପ୍ରିକୋଟ୍
Avocado	ଆଭୋକାଡୋ
Banana	ବାନା
Berry	ବେରି
Blackberry	ବ୍ଲାକବେରୀ
Cherry	ଚେରୀ
Grape	ଅଙ୍ଗୁର
Guava	ଗୁଆଭା |
Kiwi	କିୱି
Lemon	ଲେମ୍ବୁ
Mango	ମାଙ୍ଗୋ |
Melon	ମେଲୋନ୍
Nectarine	ଅମୃତ
Orange	କମଳା
Papaya	ପାପାୟା
Peach	ପିଚ୍
Pear	ନାସପାତି
Pineapple	ଅଣସର
Raspberry	ରାସବେରୀ

Geography
ଭୂଗୋଳ

Altitude	ଉଚ୍ଚତା
Atlas	ଆଟଲାସ୍
Continent	ମହାଦେଶ
Country	ଦେଶ
Hemisphere	ଗୋଲାର୍ଦ୍ଧ
Island	ଦ୍ୱୀପ
Latitude	ଅକ୍ଷାଂଶ
Longitude	ଦ୍ରାଘିମା
Map	ମାନଚିତ୍ର
Meridian	ମେରିଡିଆନ୍
Mountain	ମାଉଣ୍ଟେନ୍
North	ଉତ୍ତର
Region	ଅଞ୍ଚଳ
River	ନଦୀ
Sea	ସମୁଦ୍ର
South	ଦକ୍ଷିଣ
Tropics	ଟ୍ରପିକ୍ସ
West	ପଶ୍ଚିମ
World	ବିଶ୍ୱ

Geology
ଭୂବିଜ୍ଞାନ |

Acid	ଏସିଡ୍
Calcium	କାଲସିୟମ୍
Cavern	ଗୁମ୍ଫା
Continent	ମହାଦେଶ
Coral	କୋରାଲ୍
Crystals	କ୍ରିଷ୍ଟାଲ୍
Earthquake	ପୃଥିବୀ
Erosion	କ୍ଷୟ
Fossil	ଜୀବାଶ୍ମ
Geyser	ଗିଜର
Lava	ଲାଭା
Layer	ସ୍ତର
Plateau	ମାଳଭୂମି
Quartz	କ୍ୱାର୍ଟଜ୍
Salt	ଲୁଣ
Stalactite	ଷ୍ଟାଲାକଟାଇଟ୍
Stalagmites	ଷ୍ଟାଲାଗମିଟ୍
Volcano	ଭୋଲକାନୋ

Geometry
ଜ୍ୟାମିତି

Angle	କୋଣ
Calculation	ଗଣନା
Circle	ବୃତ୍ତ
Curve	ବକ୍ର
Diameter	ବ୍ୟାସ
Dimension	ପରିମାପ
Equation	ସମୀକରଣ
Height	ଉଚ୍ଚତା
Horizontal	ଭୂସମାନ୍ତର
Logic	ତର୍କ
Mass	ମାସ୍
Parallel	ସମାନ୍ତରାଳ
Proportion	ବୃଦ୍ଧି
Segment	ବିଭାଗ
Square	ବର୍ଗ
Surface	ପୃଷ୍ଠ
Symmetry	ସମିଟ୍ରି
Theory	ସିଦ୍ଧାନ୍ତ
Triangle	ତ୍ରିକୋଣ
Vertical	ଭୂଲମ୍ବ

Government
ସରକାର

Citizenship	ନାଗରିକତା
Civil	ନାଗରିକ
Constitution	ସମ୍ବିଧାନ
Democracy	ଡେମୋକ୍ରାସି
Discussion	ଆଲୋଚନା
Equality	ସମାନତା
Independence	ସ୍ୱାଧୀନତା
Judicial	ନ୍ୟାୟିକ
Law	ଆଇନ
Liberty	ଲିବର୍ଟି
Monument	ସ୍ମାରକୀ
Nation	ରାଷ୍ଟ୍ର
Peaceful	ଶାନ୍ତିପୂର୍ଣ୍ଣ
Politics	ନୀତି
Speech	ବକ୍ତବ୍ୟ
State	ରାଜ୍ୟ
Symbol	ପ୍ରତୀକ

Health and Wellness #1
ସ୍ୱାସ୍ଥ୍ୟ ଏବଂ ସୁସ୍ଥତା # 1

Active	ସକ୍ରିୟ
Bacteria	ଜୀବାଣୁ
Clinic	କ୍ଲିନିକ୍
Doctor	ଡାକ୍ତର
Fracture	ଫ୍ରାକଚର୍
Habit	ଅଭ୍ୟାସ
Height	ଉଚ୍ଚତା
Hormones	ହରମୋନ୍ସ
Muscles	ମାଂସପେଶୀ
Pharmacy	ଫାର୍ମାସି
Reflex	ରିଫ୍ଲେକ୍ସ
Skin	ଚର୍ମ
Therapy	ଥେରାପି
Treatment	ଚିକିତ୍ସା
Virus	ଭାଇରସ୍

Health and Wellness #2
ସ୍ୱାସ୍ଥ୍ୟ ଏବଂ ସୁସ୍ଥତା # 2

Allergy	ଆଲର୍ଜି
Anatomy	ଆନାଟୋମି
Appetite	ଭୋକ
Blood	ରକ୍ତ
Calorie	କାଲୋରୀ
Dehydration	ଡିହାଇଡ୍ରେସନ୍
Diet	ଡାଏଟ୍
Disease	ରୋଗ
Energy	ଶକ୍ତି
Genetics	ଜେନେଟିକ୍ସ
Healthy	ସୁସ୍ଥ
Hospital	ଡାକ୍ତରଖାନା
Hygiene	ହାଇଜିନ୍
Infection	ସୂଚନା
Massage	ମାଲିସ୍ କରନ୍ତୁ
Nutrition	ପୁଷ୍ଟିକର
Recovery	ପୁନରୁଦ୍ଧାର
Stress	ଚାପ
Vitamin	ଭିଟାମିନ୍
Weight	ଓଜନ

Herbalism
ହର୍ବାଲିଜିମ୍ |

Aromatic	ସୁଗନ୍ଧିତ
Basil	ବାସଲି
Beneficial	ଲାଭଦାୟକ
Culinary	ରୋଷେଇ
Fennel	ସୋନଲେ
Flavor	ସ୍ୱାଦ
Flower	ଫୁଲ
Garden	ବଗିଚା
Garlic	ରସୁଣ
Green	ସବୁଜ
Ingredient	ଉପାଦାନ
Lavender	ଲାଭକାରୀ
Marjoram	ମାର୍ଜୋରାମ
Mint	ପୁଦିନା
Oregano	ଓରେଗାନୋ
Parsley	ପାରସଲେ
Plant	ଉଦ୍ଭିଦ
Rosemary	ରୋଜମେରୀ
Saffron	ଗେରୁଆ
Tarragon	ଟାରାଗୋନ୍

Hiking
ପଦଯାତ୍ରା

Animals	ପଶୁମାନେ
Boots	ବୁଟ୍
Camping	କ୍ୟାମ୍ପିଂ
Climate	ଜଳବାୟୁ
Heavy	ଆକାଶ
Map	ମାନଚିତ୍ର
Mountain	ମାଉଣ୍ଟେନ୍
Nature	ପ୍ରକୃତି
Orientation	ଓରିଏଣ୍ଟେସନ୍
Parks	ପାର୍କଗୁଡ଼ିକ
Preparation	ପ୍ରସ୍ତୁତି
Tired	କ୍ଲାନ୍ତ
Water	ଜଳ
Wild	ଜଙ୍ଗଲୀ

House
ଘର

Attic	ଆଟିକ୍
Basement	ଆଧାର
Broom	ବ୍ରମ୍
Chimney	ଚମିନି
Curtains	ପରଦା
Door	କବାଟ
Fence	ବାଡ଼
Fireplace	ଅଗ୍ନଶିମ
Furniture	ଫର୍ଣ୍ଣିଚର
Garage	ଗ୍ୟାରେଜ୍
Garden	ବଗିଚା
Keys	ଚାବି
Kitchen	କିଚେନ୍
Lamp	ଲ୍ୟାମ୍ପ
Library	ଲାଇବ୍ରେରୀ
Mirror	ଦର୍ପଣ
Roof	ଛାତ
Shower	ଗାଧୋଇବା
Wall	ୱାଲ୍
Window	ୱିଣ୍ଡୋ

Human Body
ମାନବ ଶରୀର |

Ankle	ଗୋଇଠି
Blood	ରକ୍ତ
Brain	ମସ୍ତିଷ୍କ
Chin	ଥୋଡି
Ear	କାନ
Elbow	କହୁଣୀ
Face	ମୁହଁ
Finger	ଆଙ୍ଗୁଠି
Hand	ହାତ
Head	ମୁଣ୍ଡ
Heart	ହୃଦୟ
Jaw	ଜହ୍ନ
Knee	ଆଣ୍ଠୁ
Leg	ଗୋଡ
Lips	ଓଠ
Mouth	ମୁଖ
Neck	ବେକ
Nose	ନାକ
Shoulder	କାନ୍ଧ
Skin	ଚର୍ମ

Insects
କୀଟପତଙ୍ଗ |

Ant	ପିମ୍ପୁଡ଼ି
Aphid	ଏପିଏଚଆଇଡି
Bee	ବଛି
Beetle	ବଟିଲ୍
Butterfly	ପ୍ରଜାପତି
Cicada	ସିଆଇସିଏଡିଏ
Cockroach	କୋକ୍ରୋଚ୍	
Dragonfly	ଡ୍ରାଗନଫ୍ଲାଇ
Flea	ଫ୍ଲି
Gnat	ଜିଏନଏଟି
Grasshopper	ଘାସହପର୍
Ladybug	ଲେଡିବିଓଜି
Larva	ଲାର୍ଭା
Locust	ଏଲଓସିୟୁଏସଟି
Mantis	ମାଣ୍ଟିସ୍
Mosquito	ମଶା
Termite	ଟର୍ମିଟ୍
Wasp	ୱାସ୍ପି
Worm	ପୋକ

Jazz
ଜାଜ୍

Album	ଆଲବମ୍
Artist	କଳାକାର
Composer	କମ୍ପୋଜର
Composition	ସଂକଳନ
Concert	କନସର୍ଟ
Emphasis	ଗୁରୁତ୍ୱ
Famous	ପ୍ରସିଦ୍ଧ
Favorites	ପସନ୍ଦ
Music	ମ୍ୟୁଜିକ୍	
Musicians	ସଂଗୀତଜ୍ଞ
New	ନୂଆ
Old	ପୁରୁଣା
Orchestra	ଅର୍କେଷ୍ଟ୍ରା
Rhythm	ତାଳ
Song	ଗୀତ
Style	ଶୈଳୀ
Talent	ପ୍ରତିଭା
Technique	କୌଶଳ

Landscapes
ଲ୍ୟାଣ୍ଡସ୍କେପ୍

Beach	ସମୁଦ୍ର କୂଳ
Cave	ଗୁମ୍ଫା
Desert	ମରୁଭୂମି
Estuary	ଇଷ୍ଟୁରୀ
Geyser	ଗିଜର
Glacier	ଗ୍ଲେସିୟର
Hill	ହିଲ୍
Iceberg	ଆଇସବର୍ଗ
Island	ଦ୍ୱୀପ
Lake	ହ୍ରଦ
Mountain	ମାଉଣ୍ଟେନ୍
Oasis	ଓଏସିସ୍
Peninsula	ଉପଦ୍ୱୀପ
River	ନଦୀ
Sea	ସମୁଦ୍ର
Swamp	ଜଳାଶୟ
Tundra	ଟୁନ୍ଦ୍ରା
Valley	ଉପତ୍ୟକା
Volcano	ଭୋଲକାନୋ
Waterfall	ଜଳପ୍ରପାତ

Literature
ସାହତି୍ୟ

Analogy	ଅନରୁୂପତା
Analysis	ବଶିଳ୍ଷେଣ
Anecdote	ଉପାଖ୍ୟାନ
Author	ଲଖେକ
Biography	ଜୀବନୀ
Comparison	ତଳୁନା
Conclusion	ଉପସଂହାର
Description	ବର୍ଣ୍ଣନା
Dialogue	ସଂଳାପ
Fiction	କଳ୍ପନା
Metaphor	ମଟୋଫୋର |
Novel	ଉପନ୍ୟାସ
Opinion	ମତାମତ
Poem	କବତିା
Poetic	କାବ୍ୟକି
Rhyme	ରାଇମ୍
Rhythm	ତାଳ
Style	ଶୈଳୀ
Theme	ଥମି୍
Tragedy	ଟ୍ରାଜଡେି

Mammals
ସ୍ତନ୍ୟପାୟୀ ପ୍ରାଣୀ

Bear	ଭାଲୁ
Beaver	ବଭିର
Bull	ଷଣ୍ଢ
Cat	ବଲିେଇ
Coyote	କୋୟୋଟ୍
Dog	କୁକୁର
Dolphin	ଡଲଫନି୍
Elephant	ଇଲଫୋଣ୍ଟ |
Fox	ଫକ୍ସ
Giraffe	ଜରିାଫ
Gorilla	ଗୋରଲିା
Horse	ଘୋଡା
Kangaroo	କଙ୍ଗାରୁ
Lion	ସିଂହ
Monkey	ମନକି
Rabbit	ଠକେୁଆ
Sheep	ମଣେ୍ଢା
Whale	ତମି
Wolf	ଓଲଫ
Zebra	ଜବେ୍ରା

Math
ଗଣତି

Angles	କୋଣ
Arithmetic	ଆରଥିମେଟକି୍ |
Circumference	ପରଧିି
Decimal	ଡଇିସଥିଇଏମଏଏଲ
Diameter	ବ୍ୟାସ
Division	ବଭିାଜନ
Equation	ସମୀକରଣ
Exponent	ଏକ୍ସପୋନଣେ୍ଟ
Fraction	ଭଗ୍ନାଂଶ
Geometry	ଜଓିମଟେ୍ରି
Parallel	ସମାନ୍ତରାଳ
Polygon	ପଲଗିନ୍
Rectangle	ଆୟତକ୍ଷତେ୍ର
Square	ବର୍ଗ
Symmetry	ସମିଟେ୍ରି
Triangle	ତ୍ରକିୋଣ
Volume	ଭଲ୍ୟୁମ୍

Measurements
ପରମିାପ

Byte	ବାଇଟ୍
Centimeter	ସଣେ୍ଟମିଟିର
Decimal	ଡଇିସଥିଇଏମଏଏଲ
Degree	ଡଗି୍ରୀ
Depth	ଗଭୀରତା
Gram	ଗ୍ରାମ
Height	ଉଚ୍ଚତା
Inch	ଇଞ୍ଚ
Kilogram	କଲିୋଗ୍ରାମ
Kilometer	କଲିୋମଟେର୍ |
Length	ଦୈର୍ଘ୍ୟ
Liter	ଲଟିର
Mass	ମାସ୍
Minute	ମନିଟି୍
Ounce	ଆଉନ୍ସ
Ton	ଟନ୍
Volume	ଭଲ୍ୟୁମ୍
Weight	ଓଜନ
Width	ଓସାର

Music
ସଙ୍ଗୀତ

Album	ଆଲବମ୍
Ballad	ବାଲାଡ୍
Classical	ଶାସ୍ତ୍ରୀୟ
Eclectic	ଇଲକେ୍ଟକି୍
Harmony	ହରମୋନି
Instrument	ଉପକରଣ
Lyrical	ଗୀତକିାର
Melody	ମଲେୋଡି
Microphone	ମାଇକ୍ରୋଫୋନ୍
Musical	ମ୍ୟୁଜକିାଲ୍
Musician	ସଂଗୀତଜ୍ଞ
Opera	ଅପରୋ
Poetic	କାବ୍ୟକି
Recording	ରକେର୍ଡ
Rhythm	ତାଳ
Rhythmic	ତାଳବଦ୍ଧ
Sing	ଗୀତ
Singer	ଗାୟକ
Tempo	ଟମେ୍ପୋ
Vocal	କଣ୍ଠସ୍ୱର

Musical Instruments
ବାଦ୍ୟଯନ୍ତ୍ର

Banjo	ବାଞ୍ଜୋ
Bassoon	ବାସୁନ୍
Cello	ସଲେୋ
Clarinet	କ୍ଲାରନିଟେ୍
Flute	ବଂଶୀ
Gong	ଗୋଙ୍ଗ
Guitar	ଗଟିାର
Harp	ହାର୍ପ
Mandolin	ମଣ୍ଡୋଲନି୍
Marimba	ମାରଏିମବଏ
Oboe	ଓବଓିଇ
Piano	ପଆିନୋ
Saxophone	ସାକ୍ସୋଫୋନ୍
Tambourine	ଟାମ୍ବୁରନି୍
Trombone	ଟ୍ରମ୍ବୋନ୍
Trumpet	ଟ୍ରମ୍ପଟେ୍
Violin	ଭାୟୋଲନି୍

Mythology
ପରୁାଣ

Archetype	ଆରକଟୋଇପ୍
Behavior	ଆଚରଣ
Creature	ସଷୃଟ ି
Culture	ସଂସ୍କୃତ ି
Disaster	ବପିରଯ୍ୟୟ
Hero	ହରି ୋ
Immortality	ଅମରତା
Jealousy	ଇର୍ଷା
Labyrinth	ଲାବରିନି୍ଥ
Legend	କମି୍ବଦନ୍ତୀ
Lightning	ବଜରପାତ
Monster	ରାକ୍ଷସ
Mortal	ମରତ୍ତ୍ୟ
Revenge	ପ୍ରତଶି ୋଧ
Thunder	ବଜ୍ର
Warrior	ୱାରଅିର୍	

Nature
ପ୍ରକୃତ ି

Animals	ପଶୁମାନେ
Arctic	ଆର୍କଟକି୍
Beauty	ସ ୌନ୍ଦର୍ୟ୍ୟ
Bees	ମହୁମାଛ ି
Desert	ମରୁଭୂମ ି
Dynamic	ଗତଶୀଳ
Erosion	କ୍ଷୟ
Fog	କୁହୁଡ ି
Foliage	ପତ୍ର
Forest	ଜଙ୍ଗଲ
Glacier	ଗ୍ଲସେୟିର
Peaceful	ଶାନ୍ତପିୂର୍ଣ୍ଣ
River	ନଦୀ
Sanctuary	ଅଭୟାରଣ୍ୟ
Serene	ଶାନ୍ତ
Tropical	ଟ୍ରପକିାଲ୍
Wild	ଜଙ୍ଗଲୀ

Numbers
ସଂଖ୍ୟାଗୁଡ଼କି

Decimal	ଡଇିସଅିାଇଏମଏଏଲ
Eight	ଆଠ
Eighteen	ଅଷ୍ଟାଦଶ
Fifteen	ପଞ୍ଚଦଶ
Five	ପାଞ୍ଚ
Four	ଚାର ି
Fourteen	ଚତୁର୍ଦ୍ଦଶ	
Nine	ନଅ
Nineteen	ଉଣଇେଶ
One	ଗ ୋଟଏି
Seven	ସାତ
Seventeen	ସପ୍ତଦଶ
Six	ଛଅ
Sixteen	ଷ ୋଡଶ
Ten	ଦଶ
Thirteen	ତରେଶି
Three	ତନି ି
Twelve	ବାର
Twenty	କ ୋଡଏି
Two	ଦୁଇ

Nutrition
ପୁଷ୍ଟକିର

Appetite	ଭ ୋକ
Balanced	ସନ୍ତୁଳତି
Bitter	ତକି୍ତ
Calories	କ୍ୟାଲ ୋରୀ
Diet	ଡାଏଟ୍
Fermentation	ଫରମ ଣେ ଟସେନ୍
Flavor	ସ୍ୱାଦ
Health	ସ୍ୱାସ୍ଥ୍ୟ
Healthy	ସୁସ୍ଥ
Nutrient	ପୁଷ୍ଟକିର
Portion	ଅଂଶ
Proteins	ପ୍ର ୋଟନି୍
Quality	ଗୁଣ
Sauce	ସସ୍
Toxin	ଟକ୍ସନି୍	
Vitamin	ଭଟିାମନି୍
Weight	ଓଜନ

Ocean
ମହାସାଗର

Algae	ଶ ୈବାଳ
Coral	କ ୋରାଲ୍
Crab	କଙ୍କଡା
Dolphin	ଡଲଫନି୍
Eel	ଇଏଲ୍
Fish	ମତ୍ସ୍ୟ
Jellyfish	ଜଲେଫିସି୍
Octopus	ଅକ୍ଟ ୋପସ୍
Oyster	ଓଏଷ୍ଟର
Reef	ରଫି୍
Salt	ଲୁଣ
Seaweed	ସୱିଡି୍
Shark	ଶାର୍କ
Shrimp	ଚିଙ୍ଗୁଡ ି
Sponge	ସ୍ପଞ୍ଜ
Storm	ଷ୍ଟ ୋରମ୍	
Tides	ଜୁଆର
Tuna	ଟୁନା
Turtle	କଇଁଛ
Whale	ତମି ି

Philanthropy
ଚାଣକ୍ୟ

Children	ପିଲାମାନେ
Community	ସମ୍ପ୍ରଦାୟ
Contacts	ଯ ୋଗାଯ ୋଗ	
Finance	ଫାଇନାନ୍ସ
Generosity	ଉଦାରତା
Global	ଗ୍ଲ ୋବାଲ୍
Goals	ଲକ୍ଷ୍ୟଗୁଡ଼କି
Groups	ଗ ୋଷ୍ଠୀଗୁଡ଼କି
History	ଇତହିାସ
Honesty	ସଚ୍ଚ ୋଟତା
Humanity	ମାନବକିତା
Mission	ମଶିନ
Need	ଆବଶ୍ୟକତା
People	ଲ ୋକମାନେ
Programs	ପ୍ର ୋଗ୍ରାମ୍
Public	ସାର୍ବଜନୀନ

Photography
ଫଟୋଗ୍ରାଫି

Black	କଳା
Camera	କ୍ୟାମେରା
Color	ରଙ୍ଗ
Composition	ସଂକଳନ
Contrast	ବିପରୀତ
Darkness	ଅନ୍ଧକାର
Definition	ସଂଜ୍ଞା
Format	ଫର୍ମାଟ୍
Frame	ଫ୍ରେମ୍
Object	ବସ୍ତୁ
Perspective	ଦୃଷ୍ଟିକୋଣ
Portrait	ଚିତ୍ର
Shadows	ଛାୟା
Subject	ବିଷୟ
Texture	ପାଠ
Visual	ଭିଜୁଆଲ୍

Physics
ପଦାର୍ଥ ବିଜ୍ଞାନ

Acceleration	ତ୍ୱରାନ୍ୱିତ
Atom	ଆଟମ୍
Chaos	ବିଶୃଙ୍ଖଳା
Chemical	ରସାୟନିକ
Density	ଘନତା
Electron	ଇଲେକ୍ଟ୍ରନ୍
Engine	ଇଞ୍ଜିନ୍
Expansion	ବିସ୍ତାର
Formula	ଫର୍ମୁଲା
Frequency	ବାରମ୍ବାରତା
Gas	ଗ୍ୟାସ୍
Magnetism	ଚୁମ୍ବକୀୟତା
Mass	ମାସ୍
Mechanics	ମେକାନିକ୍ସ
Molecule	ଅଣୁ
Nuclear	ପରମାଣୁ
Particle	ଭାଗ
Relativity	ଆପେକ୍ଷିକତା
Universal	ସର୍ବଭାରତୀୟ
Velocity	ବେଗ

Plants
ଉଦ୍ଭିଦ |

Bamboo	ବାଉଁଶ
Bean	ବଐନ୍
Berry	ବେରି
Cactus	କାକ୍ଟସ୍
Fertilizer	ଫର୍ଟିଲାଇଜର
Flora	ଫ୍ଲୋରା
Flower	ଫୁଲ
Foliage	ପତ୍ର
Forest	ଜଙ୍ଗଲ
Garden	ବଗିଚା
Ivy	ଆଇଭି
Moss	ମୋସ୍
Petal	ପଟୋଲ୍	
Root	ମୂଳ
Tree	ଗଛ
Vegetable	ପନିପରିବା
Vegetation	ଉଦ୍ଭିଦ

Politics
ରାଜନୀତି

Activist	ସକ୍ରିୟ
Campaign	କ୍ୟାମ୍ପେନ୍
Candidate	ପ୍ରାର୍ଥୀ
Choice	ପସନ୍ଦ
Committee	କମିଟି
Equality	ସମାନତା
Ethics	ନୈତିକତା
Freedom	ସ୍ୱାଧୀନତା
Government	ଶାସନ
Opinion	ମତାମତ
Policy	ନୀତି
Popularity	ଜନସଂଖ୍ୟା
Strategy	ଷ୍ଟ୍ରାଟେଜି
Taxes	କର
Victory	ବିଜୟ

Professions #1
ବୃତ୍ତି # 1

Ambassador	ରାଷ୍ଟ୍ରଦୂତ
Attorney	ଆଟର୍ଣ୍ଣି
Banker	ବ୍ୟାଙ୍କର
Cartographer	କାର୍ଟୋଗ୍ରାଫର
Coach	କୋଚ୍
Dancer	ନୃତ୍ୟଶିଳ୍ପୀ
Doctor	ଡାକ୍ତର
Editor	ସମ୍ପାଦକ
Firefighter	ଅଗ୍ନିଶମ
Geologist	ଜିଓଲୋଜିଷ୍ଟ
Hunter	ଶିକାରୀ
Jeweler	ଜୁଏଲର
Musician	ସଂଗୀତଜ୍ଞ
Nurse	ନର୍ସ
Pianist	ପିଆନୋବାଦକ
Plumber	ପ୍ଲମ୍ବର
Psychologist	ମନୋବିଜ୍ଞାନୀ
Scientist	ବୈଜ୍ଞାନିକ
Tailor	ଟେଲର
Veterinarian	ଭେଟେରିନାରିଆନ୍

Professions #2
ବୃତ୍ତି # 2

Astronaut	ମହାକାଶଚାରୀ
Biologist	ଜୀବବିଜ୍ଞାନୀ
Chemist	କେମିଷ୍ଟ
Dentist	ଦନ୍ତ ଚିକିତ୍ସକ
Detective	ଗୁପ୍ତଚର
Engineer	ଇଞ୍ଜିନିୟର
Gardener	ବଗିଚା
Illustrator	ଇଲଷ୍ଟ୍ରେଟର
Inventor	ଉଦ୍ଭାବକ
Investigator	ଇନଭେଷ୍ଟିଗେଟର୍
Journalist	ସାମ୍ବାଦିକ
Librarian	ଲାଇବ୍ରେରୀ	
Linguist	ଭାଷାବିତ୍
Painter	ପେଣ୍ଟର୍
Philosopher	ଦାର୍ଶନିକ
Photographer	ଫଟୋଗ୍ରାଫର
Physician	ଚିକିତ୍ସକ
Pilot	ପାଇଲଟ୍
Researcher	ଗବେଷକ
Surgeon	ସର୍ଜନ

Psychology
ମନୋବିଜ୍ଞାନ ।

Assessment	ମୂଲ୍ୟାଙ୍କନ
Behavior	ଆଚରଣ
Childhood	ପିଲାଦିନ
Clinical	କ୍ଲିନିକ୍
Cognition	ସଂକେତ
Conflict	ବିବାଦ
Ego	ଅହଂକାର
Perception	ଧାରଣା
Personality	ବ୍ୟକ୍ତିତ୍ୱ
Reality	ବାସ୍ତବତା
Sensation	ସମ୍ବେଦନଶୀଳତା
Subconscious	ଅବଚେତନ
Therapy	ଥେରାପି
Thoughts	ଚିନ୍ତାଧାରା
Unconscious	ଅଚେତ

Restaurant #1
ରେଷ୍ଟୁରାଣ୍ଟ # 1

Allergy	ଆଲର୍ଜି
Bowl	ବାଉଲ
Bread	ରୁଟି
Cashier	କ୍ୟାସିଅର୍
Chicken	ଚିକେନ୍
Coffee	କଫି
Dessert	ମିଠା
Kitchen	କିଚେନ୍
Knife	ଛୁରୀ
Meat	ମାଂସ
Menu	ମେନୁ
Napkin	ନାପକିନ୍
Reservation	ସଂରକ୍ଷଣ
Sauce	ସସ୍
Spicy	ମସଲାଯୁକ୍ତ
Waitress	ୱେଟ୍ରେସ୍

Science
ବିଜ୍ଞାନ ।

Atom	ଆଟମ୍
Chemical	ରସାୟନିକ
Climate	ଜଲବାୟୁ
Experiment	ପରୀକ୍ଷଣ
Fact	ତଥ୍ୟ
Fossil	ଜୀବାଶ୍ମ
Gravity	ମାଧ୍ୟାକର୍ଷଣ
Hypothesis	ହାଇପୋଥେସିସ୍ ।
Laboratory	ଲାବୋରେଟୋରୀ
Method	ପଦ୍ଧତି
Molecules	ଅଣୁ
Nature	ପ୍ରକୃତି
Observation	ପର୍ଯ୍ୟବେକ୍ଷଣ
Particles	ଭାଗଗୁଡିକ
Plants	ଉଦ୍ଭିଦ
Scientist	ବୈଜ୍ଞାନିକ

Science Fiction
କାଲ୍ପନିକ ବିଜ୍ଞାନ

Atomic	ପରମାଣୁ
Books	ପୁସ୍ତକ
Cinema	ସିନେମା
Distant	ଦୂର
Dystopia	ଡିୱାଇଷ୍ଟୋପିଆ
Explosion	ବର୍ଣ୍ଣନା
Fantastic	ଚମତ୍କାର
Fire	ଅଗ୍ନିକାଣ୍ଡ
Futuristic	ଭବିଷ୍ୟତ
Galaxy	ଗାଲାକ୍ସି
Illusion	ଭ୍ରମ
Imaginary	କଲ୍ପନା
Mysterious	ରହସ୍ୟମୟ
Oracle	ଓରାକେଲ୍
Planet	ଗ୍ରହ
Realistic	ବାସ୍ତବବାଦୀ
Technology	ଟେକ୍ନୋଲୋଜି
Utopia	ୟୁଟୋପିଆ
World	ବିଶ୍ୱ

Scientific Disciplines

Anatomy	ଆନାଟୋମି
Archaeology	ପ୍ରତ୍ନତତ୍ତ୍ୱ
Biology	ବାୟୋଲୋଜି
Chemistry	ରସାୟନ
Ecology	ଇକୋଲୋଜି
Geology	ଜିଓଲୋଜୀ
Immunology	ଇମ୍ୟୁନୋଲୋଜି
Kinesiology	କିନେସିଓଲୋଜି
Linguistics	ଭାଷା
Mechanics	ମେକାନିକ୍ସ
Meteorology	ମେଟେରୋଲୋଜୀ
Mineralogy	ମିନରୋଲୋଜି
Neurology	ନ୍ୟୁରୋଲୋଜି
Nutrition	ପୁଷ୍ଟିକର
Physiology	ଫିଜିଓଲୋଜି
Psychology	ମନୋବିଜ୍ଞାନ
Robotics	ରୋବୋଟିକ୍ସ
Sociology	ସମାଜବିଜ୍ଞାନ

Shapes
ଆକୃତିଗୁଡିକ

Arc	ଏଆରସି
Circle	ବୃତ୍ତ
Cone	କୋନ୍
Corner	କୋଣ
Cube	କ୍ୟୁବି
Curve	ବକ୍ର
Cylinder	ସିଲିଣ୍ଡର
Edges	ଧାରଗୁଡିକ
Ellipse	ଏଲିପ୍ସି
Hyperbola	ହାଇପରବୋଲା
Line	ରେଖା
Oval	ଓଭାଲ
Polygon	ପଲିଗନ୍
Prism	ପ୍ରିଜମ୍
Pyramid	ପିରାମିଡ୍
Rectangle	ଆୟତକ୍ଷେତ୍ର
Round	ରାଉଣ୍ଡ
Square	ବର୍ଗ
Triangle	ତ୍ରିକୋଣ

Spices

ମସଲା |

Anise	ଆନସି୍
Bitter	ତକି୍ତ
Cardamom	ଅଳଇଚେ
Cinnamon	ଡାଲଚନି
Coriander	ଧନଆି
Cumin	କ୍ୟୁମନି୍
Curry	ତରକାରୀ
Fennel	ସୋନଲେ୍
Flavor	ସ୍ୱାଦ
Garlic	ରସଣୁ
Ginger	ଅଦା
Licorice	ଲକିୋରସି୍
Nutmeg	ଜାଇଫଳ
Onion	ପଆିଜ
Paprika	ପାପ୍ରକିା
Pepper	ଗୋଲମରଚି
Saffron	ଗରେଆି
Salt	ଲଣୁ
Sweet	ମଠିା
Vanilla	ଭାନଲିା

Sports

କ୍ରୀଡା

Baseball	ବସେବଲ୍
Basketball	ବାସ୍କଟେବଲ୍
Bicycle	ସାଇକଲେ
Championship	ଚାମ୍ପୟିନଶପି୍
Coach	କୋଚ୍
Game	ଖଳେ
Golf	ଗଲ୍ଫ
Gymnasium	ଜମି୍ନାସୟିମ୍
Gymnastics	ଜମିନାଷ୍ଟକି୍	
Hockey	ହକି
Movement	ଗତବିଧି
Player	ଖଳୋଳି
Referee	ରଫେରୀ
Stadium	ଷ୍ଟାଡୟିମ
Team	ଦଳ
Tennis	ଟନେସି୍
Winner	ବଜିତୋ

The Company

କମ୍ପାନୀ

Business	ବ୍ୟବସାୟ
Creative	ସଷୃ୍ଟି
Decision	ନଷି୍ପତ୍ତି
Employment	ଚାକରୀ
Global	ଗ୍ଲୋବାଲ୍
Industry	ଶଳି୍ପ
Innovative	ଅଭନିବ
Investment	ନବିଶେ
Possibility	ସମ୍ଭାବନା
Presentation	ଉପସ୍ଥାପନା
Product	ଉତ୍ପାଦ
Progress	ପ୍ରଗତି
Quality	ଗଣୁ
Resources	ଉତ୍ସଗଡୁକି
Revenue	ରାଜସ୍ୱ

The Media

ମଡିଆି |

Commercial	କମର୍ସଆିଲ୍
Communication	ଯୋଗାଯୋଗ
Digital	ଡଜିଟିାଲ୍
Edition	ସଂସ୍କରଣ
Education	ଶକି୍ଷା
Facts	ତଥ୍ୟଗଡୁକି
Industry	ଶଳି୍ପ
Intellectual	ଅନ୍ତରନ୍ହିତି
Local	ସ୍ଥାନୀୟ
Newspapers	ଖବରକାଗଜ
Online	ଅନଲାଇନ୍
Opinion	ମତାମତ
Photos	ଫଟୋ
Public	ସାର୍ବଜନୀନ
Radio	ରଡେଓି
Television	ଟଲେଭିଜିନ

Time

ସମୟ

Annual	ବାର୍ଷକି
Before	ପରୂ୍ବରୁ
Calendar	କ୍ୟାଲଣ୍ଡେର
Century	ଶତାବ୍ଦୀ
Day	ଦନି
Decade	ଦଶନ୍ଧି
Future	ଭବଷି୍ୟତ
Hour	ଘଣ୍ଟା
Minute	ମନିଟି୍
Moment	ମହୁରୂ୍ତ୍ତ
Month	ମାସ
Morning	ପ୍ରଭାତ
Night	ରାତି
Noon	ମଧ୍ୟାହ୍ନ
Now	ବର୍ତ୍ତମାନ
Soon	ଶୀଘ୍ର
Today	ଆଜି
Week	ସପ୍ତାହ
Year	ବର୍ଷ
Yesterday	ଗତକାଲି

Town

ଟାଉନ୍ |

Airport	ବମିାନବନ୍ଦର
Bakery	ବକେରୀେ
Bank	ବ୍ୟାଙ୍କ
Cinema	ସନିମୋ
Clinic	କ୍ଲନିକି୍
Florist	ଫ୍ଲୋରଷି୍ଟ
Gallery	ଗ୍ୟାଲରୀେ
Hotel	ହୋଟଲେ
Library	ଲାଇବ୍ରରୀେ
Market	ବଜାର
Museum	ମ୍ୟୁଜୟିମ୍
Pharmacy	ଫାର୍ମାସି
Restaurant	ରଷେ୍ଟୁରାଣ୍ଟ
School	ବଦି୍ୟାଳୟ
Stadium	ଷ୍ଟାଡୟିମ
Supermarket	ସପୁରମାର୍କଟେ
Theater	ଥଏିଟର
University	ୟନୁଭିର୍ସଟି
Zoo	ପ୍ରାଣୀ ଉଦ୍ୟାନ

Universe
ବ୍ରହ୍ମାଣ୍ଡ

Asteroid	କ୍ଷୁଦ୍ରଗ୍ରହ
Atmosphere	ବାୟୁମଣ୍ଡଳ
Celestial	ସ୍ୱର୍ଗୀୟ
Cosmic	ମହାଜାଗତିକ
Darkness	ଅନ୍ଧକାର
Galaxy	ଗାଲାକ୍ସି
Hemisphere	ଗୋଲାର୍ଦ୍ଧ
Horizon	ହୋରିଜନ୍ ।
Latitude	ଅକ୍ଷାଂଶ
Longitude	ଦ୍ରାଘିମା
Moon	ଚନ୍ଦ୍ର
Orbit	କକ୍ଷପଥ
Sky	ଆକାଶ
Solstice	ସମାଧାନ
Telescope	ଟେଲିସ୍କୋପ୍
Visible	ଦୃଶ୍ୟମାନ
Zodiac	ରାଶି

Vacation #2
ଛୁଟି # 2

Airport	ବିମାନବନ୍ଦର
Beach	ସମୁଦ୍ର କୂଳ
Camping	କ୍ୟାମ୍ପିଂ
Destination	ଲକ୍ଷ୍ୟସ୍ଥଳ
Foreigner	ବିଦେଶୀ
Hotel	ହୋଟେଲ
Island	ଦ୍ୱୀପ
Journey	ସାମ୍ବାଦିକ
Leisure	ଅବକାଶ
Map	ମାନଚିତ୍ର
Passport	ପାସପୋର୍ଟ
Photos	ଫଟୋ
Restaurant	ରେଷ୍ଟୁରାଣ୍ଟ
Sea	ସମୁଦ୍ର
Taxi	ଟ୍ୟାକ୍ସି
Tent	ତମ୍ବୁ
Visa	ଭିସା

Vegetables
ପନିପରିବା ।

Artichoke	ଆର୍ଟିକୋକ୍
Broccoli	ବ୍ରୋକୋଲି
Carrot	ଗାଜର
Cauliflower	ଫୁଲକୋବି
Celery	ସେଲରି
Cucumber	କାକୁଡି
Eggplant	ବାଇଗଣ
Garlic	ରସୁଣ
Ginger	ଅଦା
Mushroom	ଛତୁ
Onion	ପିଆଜ
Parsley	ପାର୍ସଲେ
Pea	ପିଇଏ
Pumpkin	ପମ୍ପକିନ୍ ।
Radish	ମୂଳା
Salad	ସାଲାଡ୍
Shallot	ଶାଲଟ
Spinach	ସ୍ପିନାଚ୍ ।
Tomato	ଟମାଟୋ
Turnip	ଟର୍ନଆଇପି

Vehicles
ଯାନବାହାନ

Airplane	ଉଡାଜାହାଜ
Ambulance	ଆମ୍ବୁଲାନ୍ସ
Bicycle	ସାଇକେଲ
Bus	ବସ୍
Car	କାର୍
Caravan	କାରାଭାନ୍
Engine	ଇଞ୍ଜିନ୍
Ferry	ଫେରୀ
Helicopter	ହେଲିକପ୍ଟର
Motor	ମୋଟର
Raft	ରାଫ୍ଟ
Rocket	ରକେଟ୍
Scooter	ସ୍କୁଟର
Submarine	ବୁଡ଼ାଜାହାଜ
Subway	ମେଟ୍ରୋ
Taxi	ଟ୍ୟାକ୍ସି
Tires	ଟାୟାର
Tractor	ଟ୍ରାକ୍ଟର
Truck	ଟ୍ରକ

Congratulations

You made it!

We hope you enjoyed this book as much as we enjoyed making it. We do our best to make high quality games.
These puzzles are designed in a clever way for you to learn actively while having fun!

Did you love them?

A Simple Request

Our books exist thanks your reviews. Could you help us by leaving one now?

Here is a short link which will take you to your order review page:

BestBooksActivity.com/Review50

MONSTER CHALLENGE!

Challenge #1

Ready for Your Bonus Game? We use them all the time but they are not so easy to find. Here are **Synonyms**!

Note 5 words you discovered in each of the Puzzles noted below (#21, #36, #76) and try to find 2 synonyms for each word.

Note 5 Words from *Puzzle 21*

Words	Synonym 1	Synonym 2

Note 5 Words from *Puzzle 36*

Words	Synonym 1	Synonym 2

Note 5 Words from *Puzzle 76*

Words	Synonym 1	Synonym 2

Challenge #2

Now that you are warmed-up, note 5 words you discovered in each Puzzle noted below (#9, #17, #25) and try to find 2 antonyms for each word. How many lines can you do in 20 minutes?

Note 5 Words from **Puzzle 9**

Words	Antonym 1	Antonym 2

Note 5 Words from **Puzzle 17**

Words	Antonym 1	Antonym 2

Note 5 Words from **Puzzle 25**

Words	Antonym 1	Antonym 2

Challenge #3

Wonderful, this monster challenge is nothing to you!

Ready for the last one? Choose your 10 favorite words discovered in any of the Puzzles and note them below.

1.	6.
2.	7.
3.	8.
4.	9.
5.	10.

Now, using these words and within a maximum of six sentences, your challenge is to compose a text about a person, animal or place that you love!

Tip: You can use the last blank page of this book as a draft!

Your Writing:

Explore a Unique Store
Set Up **FOR YOU!**

MEGA DEALS

BestActivityBooks.com/**TheStore**

Designed for Entertainment!

Light Up Your Brain With Unique **Gift Ideas**.

Access **Surprising** And **Essential Supplies!**

CHECK OUT OUR MONTHLY SELECTION NOW!

- Expertly Crafted Products -

NOTEBOOK:

SEE YOU SOON!

Linguas Classics Team

ENJOY FREE GAMES

NOW ON

BESTACTIVITYBOOKS.COM/FREEGAMES